마법천자문의 급수한자까지!

마법 급수한자

글 이유남 그림 서규석

7급-1

아울북

한자능력검정시험 안내

😁 **한자능력검정시험이란?**

사단법인 한국어문회가 주관하고 한국한자능력검정회가 시행하는 한자 활용능력시험을 말합니다. 1992년 12월 9일 1회 시험을 시작으로 2001년 1월 1일 이후, 국가공인 자격시험(1~3급Ⅱ)으로 치러지고 있습니다.

😊 **언제, 어떻게 치르나요?**

한자능력검정시험은 공인급수 시험(1급, 2급, 3급, 3급Ⅱ)과 교육급수 시험(4급, 4급Ⅱ, 5급, 6급, 6급Ⅱ, 7급, 8급)으로 나뉘어 각각 1년에 4번 치러집니다. 누구나 원하는 급수에 응시할 수 있으며, 응시 원서의 접수는 방문 접수와 인터넷 접수 모두 가능합니다. (기타 자세한 내용은 한국한자능력검정회 홈페이지 참조. http://www.hanja.re.kr)

😆 **어떤 문제가 나오나요?**

급수별 자세한 출제 기준은 다음과 같습니다.

한자능력검정시험 출제 유형

구 분	공 인 급 수				교 육 급 수						
	1급	2급	3급	3급Ⅱ	4급	4급Ⅱ	5급	6급	6급Ⅱ	7급	8급
읽기 배정 한자	3,500	2,355	1,817	1,500	1,000	750	500	300	300	150	50
쓰기 배정 한자	2,005	1,817	1,000	750	500	400	300	150	50	0	0
독음	50	45	45	45	30	35	35	33	32	32	24
훈음	32	27	27	27	22	22	23	22	29	30	24
장단음	10	5	5	5	5	0	0	0	0	0	0
반의어	10	10	10	10	3	3	3	3	2	2	0
완성형	15	10	10	10	5	5	4	3	2	2	0
부수	10	5	5	5	3	3	0	0	0	0	0
동의어	10	5	5	5	3	3	3	2	0	0	0
동음이의어	10	5	5	5	3	3	3	2	0	0	0
뜻풀이	10	5	5	5	3	3	3	2	2	2	0
필순	0	0	0	0	0	0	3	3	3	2	2
약자	3	3	3	3	3	3	3	0	0	0	0
한자 쓰기	40	30	30	30	20	20	20	20	10	0	0
출제 문항 수	200	150	150	150	100	100	100	90	80	70	50

* 쓰기 배정 한자는 한두 급수 아래의 읽기 배정 한자거나 그 범위 내에 있습니다.
* 출제 유형표는 기본 지침 자료로서, 출제자의 의도에 따라 차이가 있을 수 있습니다.

급수는 어떻게 나눠지며, 합격 기준은 무엇인가요?

한자능력검정시험은 공인급수와 교육급수로 나누어지며, 8급부터 1급까지 11단계로 되어 있습니다.

한자능력검정시험 급수 배정표

급 수		수 준	특 성
교육급수	8급	읽기 50자, 쓰기 없음	유치원생이나 초등학생의 학습 동기 부여를 위한 급수
	7급	읽기 150자, 쓰기 없음	한자 공부를 처음 시작하는 분을 위한 초급 단계
	6급Ⅱ	읽기 300자, 쓰기 50자	한자 쓰기를 시작하는 첫 급수
	6급	읽기 300자, 쓰기 150자	기초 한자 쓰기를 시작하는 급수
	5급	읽기 500자, 쓰기 300자	학습용 한자 쓰기를 시작하는 급수
	4급Ⅱ	읽기 750자, 쓰기 400자	5급과 4급의 격차를 해소하기 위한 급수
	4급	읽기 1,000자, 쓰기 500자	초급에서 중급으로 올라가는 급수
공인급수	3급Ⅱ	읽기 1,500자, 쓰기 750자	4급과 3급의 격차를 해소하기 위한 급수
	3급	읽기 1,817자, 쓰기 1,000자	신문 또는 일반 교양서를 읽을 수 있는 수준
	2급	읽기 2,355자, 쓰기 1,817자	일상 한자어를 구사할 수 있는 수준
	1급	읽기 3,500자, 쓰기 2,005자	국한혼용 고전을 불편 없이 읽고 공부할 수 있는 수준

한자능력검정시험 합격 기준표

구 분	공 인 급 수				교 육 급 수						
	1급	2급	3급	3급Ⅱ	4급	4급Ⅱ	5급	6급	6급Ⅱ	7급	8급
출제 문항 수	200	150	150	150	100	100	100	90	80	70	50
합격 문항 수	160	105	105	105	70	70	70	63	56	49	35
시험 시간	90분	60분			50분						

* 1급은 출제 문항 수의 80% 이상, 2~8급은 70% 이상 득점하면 합격입니다.

급수를 따면 어떤 점이 좋은가요?

- 1~3급Ⅱ는 국가 공인급수로 초, 중, 고등학교 생활기록부의 자격증 및 인증 취득 상황란에 정식 기재되며, 4~8급은 교과 학습 발달 상황란에 기재됩니다.
- 대학 입시 수시 모집 및 특기자 전형에 지원이 가능합니다.
- 대학 입시 면접에 가산점 부여 및 졸업 인증, 학점 반영 등 혜택이 주어집니다.
- 언론사와 기업체의 입사 및 승진 등 인사고과에 반영됩니다.

이 책의 구성과 특징

마법한자 주문
주문으로 한자를 외워요!
주문만 외우면, 한자가 나왔을 때 금방 무슨 한자인지 떠올릴 수 있습니다.

자원(字源)과 용례
한자가 어떻게 만들어졌는지, 어떻게 쓰이는지 알려 줍니다. 주문과 연결해서 익히는 것이 더욱 효과적입니다.

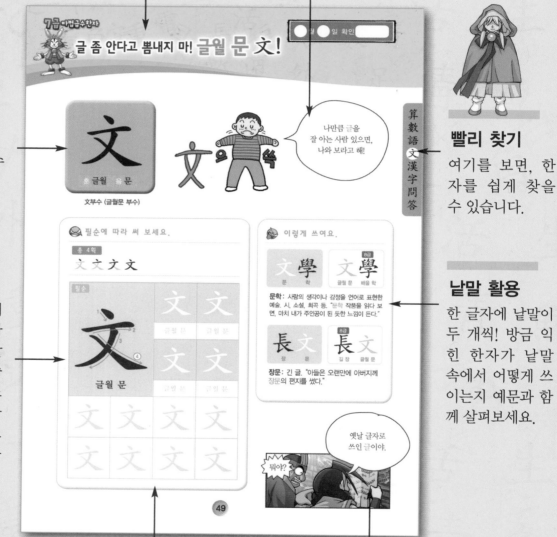

글 좀 안다고 뽐내지 마! 글월 문 文!

文
훈 글월 음 문

文부수 (글월문 부수)

나만큼 글을 잘 아는 사람 있으면, 나와 보라고 해!

필순에 따라 써 보세요.

총 4획

文文文文

필순

文
글월 문

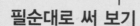

이렇게 쓰여요.

文學   文學
문 학   글월문 배울학 8급

문학: 사람의 생각이나 감정을 언어로 표현한 예술. 시, 소설, 희곡 등. "문학 작품을 읽다 보면, 마치 내가 주인공이 된 듯한 느낌이 든다."

長文   長文
장 문   길장 글월문 8급

장문: 긴 글. "아들은 오랜만에 아버지께 장문의 편지를 썼다."

옛날 글자로 쓰인 글이야.

뭐야?

49

훈/음, 부수
훈과 음과 부수를 보여 줍니다.

빨리 찾기
여기를 보면, 한자를 쉽게 찾을 수 있습니다.

算數語 文漢字問答

필순 보기
필순과 더불어 획의 방향이 나타나 있어서 알아보기가 쉽습니다. 필순이 표시된 방향을 따라서 손가락으로 책 위에 한자를 써 봅시다.

낱말 활용
한 글자에 낱말이 두 개씩! 방금 익힌 한자가 낱말 속에서 어떻게 쓰이는지 예문과 함께 살펴보세요.

필순대로 써 보기
필순에 따라 한자를 직접 써 봅니다. 필순이 손에 익으면 한자도 쉽게 외워지고, 한자 모양도 예뻐집니다.

〈마법천자문〉 한 장면
한자나 낱말에 관련된 〈마법천자문〉의 한 장면입니다.
〈마법천자문〉을 읽은 사람에게는 더욱 효과적이지요!

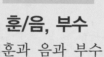

〈마법급수한자〉는 이렇게 달라요.

청킹으로 낱자들을 묶어서 기억한다!
한자의 키 포인트를 주문으로 외운다!

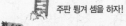

〈마법급수한자〉는 학습할 낱자들을 서로 관련성이 높은 것끼리 묶어서 기억합니다. 청킹(chunking: 덩어리) 기법으로 외우면, 암기가 훨씬 빨라지고, 오래 기억할 수 있습니다.
또, 〈마법급수한자〉의 모든 한자에는 주문이 달려 있습니다. 이 주문은 한자의 생성 원리와 형태, 훈과 음을 한 덩어리로 외우게 하여 암기 부담을 덜어 줍니다.

만화로 익히니 한자가 더욱 재미있다!
만화만으로도 쉽게 한자를 익힐 수 있어!

〈마법급수한자〉는 급수서의 딱딱한 틀에서 벗어나 학습 과정에 만화를 적극 도입하였습니다. 만화 속에는 공부할 한자나 낱말들이 꼬리를 물고 등장하여 충분한 선행학습이 이루어지게 됩니다. 또, 각 한자와 관련된 〈마법천자문〉의 장면이 함께 나와 있어 더욱 효과적으로 암기됩니다.

암기에 실제로 도움이 되는
독창적·현대적인 자원(字源) 해설!

일반적인 자원 해설은 어른조차 이해하기 힘듭니다. 〈마법급수한자〉의 자원 해설은 한자의 생성 원리에 기초하면서도, 한자 암기에 실제적으로 도움이 되도록 많은 부분을 어린이의 시각에서 현대적으로 재구성하였습니다.

낱자가 아니라 낱말로 익히는 한자!
어휘 학습을 대폭 강화했습니다.

한자 공부의 궁극적인 목적은 어휘력을 높이는 것입니다. 〈마법급수한자〉는 낱자 학습에서 글자마다 2개씩 100개의 낱말을 예문과 함께 익힐 수 있습니다. 또, 별도의 〈낱말 깨치기〉 코너를 통해 7급 낱말 70여 개에 대한 쓰기 연습을 할 수 있습니다.

숫자를 세어 봐요!

一 二 三 四 五 六 七 八 九 十

일 이 삼 사 오 륙 칠 팔 구 십

요일을 말해 봐요!

日 月 火 水 木 金 土

일 월 화 수 목 금 토

부모와 형제! 여인과 외삼촌!

父 母 兄 弟 女 人 外 寸

부 모 형 제 여 인 외 촌

동쪽엔 청산, 서쪽엔 백산! 남쪽엔 청군, 북쪽엔 백군!

東 西 南 北 靑 白 山 軍

동 서 남 북 청 백 산 군

대한민국과 중국, 소국, 만국, 왕국!

大 韓 民 國 中 小 萬 王

대 한 민 국 중 소 만 왕

교장 선생님이 1학년 교실 문을 벌컥!

校 長 先 生 學 年 敎 室 門

교 장 선 생 학 년 교 실 문

7급 마법급수한자

주문만 외우면 한자가 쏙쏙!

춘하추동
오석으로
매시, 동시에!

계절과 시간 | 춘하추동오석매동시

 커튼 걷어 해 맞으니! **봄 춘 春!**

 더워서 머리를 깎았어! **여름 하 夏!**

 벼가 익는! **가을 추 秋!**

 얼음 뚝뚝! **겨울 동 冬!**

 열 십에 둘 더해 열두 시라! **낮 오 午!**

 저녁이라 달이 반만 떴다! **저녁 석 夕!**

 엄마는 매일 봐서! **매양 매 每!**

 입을 모아 한 목소리로! **한가지 동 同!**

 절에 해가 드니 아침이다! **때 시 時!**

낱말을 만들어 봐!
春夏秋冬, 春秋,
秋夕, 每時, 同時!

코털도사 납치되다

얼떨결에 8급 시험에 합격한 오공은 그 후로 완전히 다른 사람이 됐다.

역시 나는 천재야.

오공은 일 년 내에 7급 시험에 도전하기로 결심했다.

오공아, 놀자.

안 돼! 지금 한자 공부 중이야.

봄이 지나고 여름이 왔다.

여름 하(夏) 자처럼 머리를 깎았어.

여름이 지나고 가을이 됐다.

벼가 익으니 가을 추(秋)!

오공의 한자 실력은 나날이 발전했다.

곧 추석(秋夕)인데, 달을 보면 고향 생각이 나지 않니?

아니요, 달을 보니 저녁 석(夕) 자가 생각나는데요.

가을이 지나니 겨울이 왔다.

얼음 뚝뚝 겨울 동(冬)!

겨울이 지나고 봄이 왔다.

봄이 왔는지 볼까? 커튼 걷어 봄 춘(春)!

하(夏), 추(秋), 추석(秋夕), 석(夕), 동(冬), 춘(春)

정오(正午)

커튼 걷어 해 맞으니! 봄 춘 春!

春夏秋冬午夕每同時

훈봄 음춘

日부수 (날일 부수)

어때? 春을 보면 정말 봄이 온 것 같지 않니?

필순에 따라 써 보세요.

총 9획

春春春春春春春春春

봄 춘

이렇게 쓰여요.

春 分
춘 분

春 分 [6급]
봄 춘 나눌 분

춘분: 24절기 중의 하나. 낮과 밤의 길이가 같아진다는 날. "춘분이 지나고 나니 봄기운이 물씬 난다."

春 風
춘 풍

春 風 [6급]
봄 춘 바람 풍

춘풍: 봄바람. "춘풍이 불어 오자, 하나 둘씩 꽃이 피었다."

산들산들 부는 봄바람.

더워서 머리를 깎았어! 여름 하 夏!

훈 여름   음 하

夂부수 (천천히걸을쇠 부수)

首 → 首

百은 '머리〔首, 頁〕', 夂는 '천천히 걷는다'는 뜻이야. 더우니까 머리를 깎고 천천히 걷는다는 얘기지.

春 夏 秋 冬 午 夕 每 同 時

🙂 필순에 따라 써 보세요.

총 10획

夏 夏 夏 百 夏 夏 夏 頁 夏 夏

필순

여름 하

여름 하   여름 하

여름 하   여름 하

😑 이렇게 쓰여요.

夏 服	夏 服 6급
하 복	여름 하 옷 복

하복: 여름에 입는 옷. "내일 덥다고 하니 하복을 입고 오너라."

夏 季	夏 季 4급
하 계	여름 하 계절 계

하계: 여름 기간. "이번 하계 수련회는 산골의 작은 학교에서 열린다."

여름 휴가는 용궁으로 오세요.

시원해.

여긴

정말

벼가 익는! 가을 추 秋!

春夏秋冬午夕每同時

훈 가을 음 추

禾부수 (벼화 부수)

가을〔秋〕에 벼〔禾〕들이 태양 불〔火〕을 많이 쬐야 벼가 잘 익는단다.

🗯 필순에 따라 써 보세요.

총 9획

秋秋秋秋秋秋秋秋秋

필순

가을 추

가을 추   가을 추

가을 추   가을 추

🗯 이렇게 쓰여요.

秋	風		6급 秋 風
추	풍		가을 추 바람 풍

추풍: 가을 바람. "그가 칼을 휘두를 때마다 적병들은 추풍낙엽(가을 바람에 낙엽 떨어지듯)처럼 쓰러져 갔다."

秋	收		4급 秋 收
추	수		가을 추 거둘 수

추수: 가을에 다 익은 곡식을 거두어들이는 일. "논에서는 추수가 한창이었다."

가을 단풍은 정말 아름다워!

얼음 뚝뚝! 겨울 동 冬!

훈 겨울 음 동

; 부수 (이수/얼음빙 부수)

눈 오는 겨울이 제일 좋아.

눈이 펑펑!

 필순에 따라 써 보세요.

총 5획

ㆍ ク 久 冬 冬

필순

겨울 동

 이렇게 쓰여요.

 冬季
동 계

4급 冬季
겨울 동 계절 계

동계: 겨울철. "이번 동계 올림픽 쇼트 트랙 종목에서 한국이 금메달을 휩쓸었다."

冬至
동 지

4급 冬至
겨울 동 이를 지

동지: 24절기 중의 하나. 일 년 중에서 밤이 가장 길다는 날. "동짓날 저녁에는 팥죽을 쑤어 먹는다."

겨울에는 눈싸움이 최고지!

13

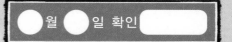
열 십에 둘 더해 열두 시라! 낮오 午!

春夏秋冬午夕每同時

午
훈 낮 음 오

十부수 (열십 부수)

그림자 길이가 저렇게 짧은 것을 보니 낮 열두 시쯤 되겠다.

😲 필순에 따라 써 보세요.

총 4획

午 午 午 午

필순

午
낮 오

🐦 이렇게 쓰여요.

上午
상   오

7급-2 98쪽
上午
위상 낮오

상오: 밤 12시부터 낮 12시까지의 시간.
"영국행 비행기는 상오 10시에 출발한다."

午後
오   후

7급-2 103쪽
午後
낮오 뒤후

오후: 낮 12시부터 밤 12시까지의 시간.
"일요일 오후에 수영장에서 선생님을 만났다."

뜨겁게 타오르는 정오(正午)의 태양.

14

저녁이라 달이 반만 떴다! 저녁 석 夕!

春夏秋冬午夕每同時

훈 저녁 음 석

夕부수 (저녁석 부수)

夕은 月(달 월)에서 한 획을 줄인 글자야. 달이 조금 가려져서 그래.

필순에 따라 써 보세요.

총 3획

ノクタ

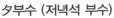

필순

저녁 석

이렇게 쓰여요.

朝夕 조 석 / 朝夕 아침 조 저녁 석 (6급)

조석: 아침과 저녁을 함께 이르는 말. "할아버지께 조석으로 문안을 드리렴."

夕陽 석 양 / 夕陽 저녁 석 볕 양 (6급)

석양: 저녁 무렵의 햇빛. 저무는 해. "서쪽 하늘이 석양으로 붉게 물들었다."

저녁부터 부엉이가 우네.

15

엄마는 매일 봐서! 매양 매 每!

7급 마법급수한자

월 일 확인

春夏秋冬午夕每同時

每
훈 매양 음 매
母부수 (말무 부수)

방학이라고 어떻게 매일 낮잠만 자냐!

필순에 따라 써 보세요.

총 7획

每 每 每 每 每 每 每

필순

每
매양 매

이렇게 쓰여요.

每日 / 每日 (8급)
매 일 / 매양 매 날 일

매일: 하루하루. 그날 그날. "손오공은 매일 아침 꼬박꼬박 30분씩 달리기를 한다."

每回 / 每回 (4급)
매 회 / 매양 매 돌아올 회

매회: 한 회 한 회. "매회 입장객 가운데 세 분을 뽑아 식사권을 무료로 드립니다."

장작 패기, 물 긷기, 장작 패기, 물 긷기…. 매일 똑같은 일뿐이야.

아….

16

입을 모아 한목소리로! 한가지 동 同!

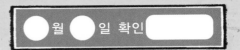

同

훈 한가지 음 동

口부수 (입구 부수)

우리는 쌍둥이!
언제나 한마음,
언제나 한목소리!

春夏秋冬午夕每同時

필순에 따라 써 보세요.

총 6획

同 同 同 同 同 同

필순

한가지 동

이렇게 쓰여요.

同 一
동 일

8급
同 一
한가지 동 한 일

동일: 둘 이상의 사물이 성질이나 내용이 똑같음. "무서운 야수와 왕자님이 동일 인물이었다니!"

同 門
동 문

8급
同 門
한가지 동 문 문

동문: 같은 학교 출신. 같은 스승에게서 배운 사람. "그와 나는 초등학교 동문이야."

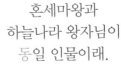

혼세마왕과
하늘나라 왕자님이
동일 인물이래.

어쩌면

그럴 수가!

절에 해가 드니 아침이다! 때 시 時!

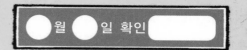

春夏秋冬午夕每同時

훈 때   음 시

日부수 (날일 부수)

時는 日(날 일)과 寺(절 사)가 합쳐진 글자야.

필순에 따라 써 보세요.

총 10획

時 時 時 時 時 時 時 時 時 時

필순

때 시

때 시 | 때 시
때 시 | 때 시

이렇게 쓰여요.

時 日
시   일

時 日
때 시   날 일
8급

시일: 때와 날을 아울러 이르는 말. "무료 쿠폰의 시일이 얼마 안 남았습니다."

校 時
교   시

校 時
학교 교   때 시
8급

교시: 학교에서 수업 시간을 세는 단위. "5교시가 시작될 쯤에는 항상 졸음이 몰려온다."

시간을 알려 줘!

때 시!

춘하추동

春夏秋冬
봄 춘 여름 하 가을 추 겨울 동

春夏秋冬
春夏秋冬

춘하추동 : 봄, 여름, 가을, 겨울.

춘추

春秋
봄 춘 가을 추

春秋　春秋　春秋　春秋
春秋　春秋　春秋　春秋

춘추 : 봄과 가을. 윗사람의 나이를 정중하게 이르는 말.

추석

秋夕
가을 추 저녁 석

秋夕　秋夕　秋夕　秋夕
秋夕　秋夕　秋夕　秋夕

추석 : 우리나라 명절의 하나. 음력 8월 15일.

매시

每時
매양 매 때 시

每時　每時　每時　每時
每時　每時　每時　每時

매시 : 매 시간.

19

동시

同時
한가지 동 때 시

同時 同時 同時 同時
同時 同時 同時 同時

동시 : 같은 때나 같은 시기.

입춘

32쪽

立春
설 립 봄 춘

立春 立春 立春 立春
立春 立春 立春 立春

입춘 : 24절기 중의 하나. 봄이 시작되는 시기.

정오

33쪽

正午
바를 정 낮 오

正午 正午 正午 正午
正午 正午 正午 正午

정오 : 낮 12시. 반대는 자정(子正).

동기

102쪽

同氣
한가지 동 기운 기

同氣 同氣 同氣 同氣
同氣 同氣 同氣 同氣

동기 : 같은 부모에게서 태어난 형제와 자매, 남매를 통틀어 이르는 말.

매사

7급-2 70쪽

每事
매양 매　일 사

每事　每事　每事　每事

每事　每事　每事　每事

매사 : 모든 일. 일마다.

시간

7급-2 72쪽

時間
때 시　사이 간

時間　時間　時間　時間

時間　時間　時間　時間

시간 : 때. 어느 때에서 어느 때까지의 동안.

하오

7급-2 99쪽

下午
아래 하　낮 오

下午　下午　下午　下午

下午　下午　下午　下午

하오 : 낮 12시부터 밤 12시까지의 시간. 반대는 상오(上午).

오전

7급-2 102쪽

午前
낮 오　앞 전

午前　午前　午前　午前

午前　午前　午前　午前

오전 : 밤 12시부터 낮 12시까지. 반대는 오후(午後).

1 다음 글을 읽고, 한자로 된 낱말의 음을 한글로 쓰세요.

(1) 秋夕 에는 먹을 것이 많습니다.

(2) 春夏秋冬 으로 옷을 갈아 입는 우리나라의 자연.

(3) 민호와 나는 同時 에 손을 들었습니다.

(4) 立春 이 지난 지가 한참인데, 봄기운은 느껴지지 않습니다.

(5) 창수네 집은 同氣 간에 늘 사이가 좋습니다.

□ 기

(6) 正午 를 알리는 종소리가 열두 번 울렸습니다.

정 □

(7) 은수는 每事 에 빈틈이 없습니다.

□ 사

(8) 아버님의 春秋 가 어떻게 되시니?

春秋란, 어른의 나이를 물을 때에만 쓰는 말이야. 애들에게는 춘추라고 안 해.

2 다음 한자의 훈(訓: 뜻)과 음(音: 소리)을 쓰세요.

(1) 夕 (　　　　　　) 　　(2) 同 (　　　　　　)

(3) 秋 (　　　　　　) 　　(4) 冬 (　　　　　　)

(5) 每 (　　　　　　) 　　(6) 春 (　　　　　　)

(7) 時 (　　　　　　) 　　(8) 夏 (　　　　　　)

3 다음 뜻에 알맞은 한자를 보기 에서 찾아 그 번호를 쓰세요.

보기

①春 ②夏 ③同 ④時 ⑤午 ⑥夕 ⑦秋 ⑧冬

(1) 여름 하 (　　) 　　(2) 한가지 동 (　　)

(3) 저녁 석 (　　) 　　(4) 낮 오 (　　)

(5) 가을 추 (　　) 　　(6) 때 시 (　　)

(7) 겨울 동 (　　) 　　(8) 봄 춘 (　　)

4 다음 빈칸에 알맞은 한자를 보기 에서 골라 그 번호를 쓰세요.

보기

①夏 ②冬 ③同 ④每 ⑤夕 ⑥午

(1) (　　)時 : 같은 때.

(2) 春(　　)秋(　　) : 봄·여름·가을·겨울.

5 다음 글에서 밑줄 친 글자를 한자로 쓰세요.

> 내일은 <u>추</u><u>석</u>입니다. <u>매</u>년 이맘때가 되면, 도로는 고향 가는 차들로 꽉 막힙니다. 그래서 우리 가족은 기차를 이용합니다. 기차는 정<u>오</u>에 서울을 출발합니다. 아빠의 고향인 광주에는 오후 네 <u>시</u>에 도착할 예정입니다.

(1) 추 : ☐   (2) 석 : ☐   (3) 매 : ☐

(4) 오 : ☐   (5) 시 : ☐

6 다음 한자에서 ㉠획은 몇 번째 획일까요?

① 여섯 번째
② 일곱 번째
③ 여덟 번째
④ 아홉 번째

7 다음 한자에서 ㉠획은 몇 번째 획일까요?

① 두 번째
② 세 번째
③ 네 번째
④ 다섯 번째

정오의 반대는 자정이고, 오후의 반대는 오전이야.

24

출입구에 직립해서 정평방면!

공간과 방향 | 출입구직립정평방면

 산 위로 산이 불쑥 나오니!   날 **출** 出!

 들어갈 땐 머리를 숙여!   들 **입** 入!

 입을 네모로 벌려!   입 **구** 口!

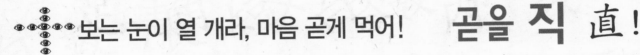 보는 눈이 열 개라, 마음 곧게 먹어!   곧을 **직** 直!

 두 발로 땅 딛고 서니!   설 **립** 立!

 가로 세로 반듯하게!   바를 **정** 正!

 저울은 평평해야!   평평할 **평** 平!

 쟁기의 모서리는 뾰족해서!   모 **방** 方!

 네모난 얼굴은 싫어!   얼굴 **면** 面!

낱말을 만들어 봐!
出入, 出口, 入口, 直立,
正直, 方面, 正面, 平面,
立面, 正立!

비밀의 방

도대체 누구 짓일까?

뭔가 단서가 될 만한 게 있을지도 몰라.

이건 뭐지? 스승님의 비밀 상자인가?

이것 봐, 쪽지가 있네.

오공에게...

배꼽을 누르라고? 어, 이게 아닌가 보다!

오공에게.
내게 무슨 일이
생기면, 배꼽을
누르고, 돼지의
정면을 보아라.

혹시 사진 속의 배꼽?

꾸욱

앗! 출입구(出入口)다!

쿠루루루

출입구(出入口)

이런 곳에
비밀의 방이 있다니!

돼지가 있네.

앗, 안에
뭐가 들었네.
그런데 이걸
어떻게 열지?

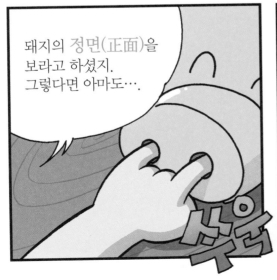

돼지의 정면(正面)을
보라고 하셨지.
그렇다면 아마도….

앗! 책이다!

정면(正面)

산 위로 산이 불쑥 나오니! 날 출 出!

出
入
口
直
立
正
平
方
面

훈 날   음 출

凵 부수 (위터진입구 부수)

出 자처럼
산(山) 너머에
또 산(山)이 나왔네!

필순에 따라 써 보세요.

총 5획

出 出 出 出 出

필순

날 출

이렇게 쓰여요.

出生
출   생

8급
出生
날 출   날 생

출생: 태어남. "그는 어느 날 갑자기 출생의 비밀을 알게 되었다."

出國
출   국

8급
出國
날 출   나라 국

출국: 나라 밖으로 나감. "일본에 가려고 출국했다."

튀어나와라!
날 출!

들어갈 땐 머리를 숙여! 들 입 入!

훈 들 음 입

入부수 (들입 부수)

入은 人(사람 인)에서 머리를 수그린 글자야. 옛날 집은 문이 낮아서 들어갈 때 종종 머리를 부딪쳤거든.

出入口直立正平方面

필순에 따라 써 보세요.

총 2획

入 入

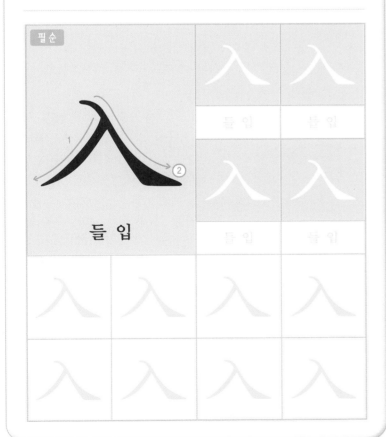

필순

들 입

들 입 / 들 입
들 입 / 들 입

이렇게 쓰여요.

入金
입 금

入金 [8급]
들입 쇠금

입금: 은행에 돈을 넣음. "돈은 내일 은행에 입금해 주세요."

入山
입 산

入山 [8급]
들입 메산

입산: 산에 들어감. "봄에는 건조해서 산불이 잘 일어나기 때문에 입산이 금지될 때가 많다."

어서 들어가라! 들 입!

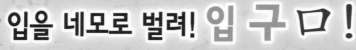

입을 네모로 벌려! 입 구 口!

월 ● 일 확인

出入口直立正平方面

口
훈 입   음 구

口부수 (입구 부수)

다 같이 입을 네모로 벌리고서

입 구!

🔵 필순에 따라 써 보세요.

총 3획

口 口 口

필순		
	口	口
	입 구	입 구
	口	口
입 구	입 구	입 구
口	口	口	口
口	口	口	口

🔵 이렇게 쓰여요.

人口
인   구

8급
人口
사람 인   입구

인구: 어떤 지역에 사는 사람의 수. "인구가 증가하다 (사람의 수가 늘어나다)."

口演
구   연

4급
口演
입구   펼 연

구연: 동화 등을 여러 사람 앞에서 재미있게 이야기함. "요즘 젊은 엄마들 사이에서 구연동화 배우기가 인기를 끌고 있다."

입을 열어라! 입 구!

보는 눈이 열 개라, 마음 곧게 먹어! 곧을 직 直!

훈 곧을   음 직

目부수 (눈목 부수)

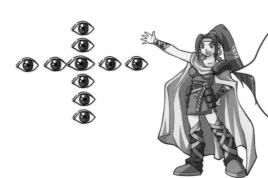

直에는 눈이 열 개나 있어. 세어 봐! 目(눈 목)에 十(열 십)이잖아! 보는 눈이 많으니까 마음을 곧게 먹어!

出入口直立正平方面

😆 **필순에 따라 써 보세요.**

총 8획

直 直 直 直 直 直 直 直

곧을 직

💬 **이렇게 쓰여요.**

直線   直線 (6급)
직 선   곧을 직 줄 선

직선: 곧은 선. "마을과 항구 사이를 직선으로 연결하는 도로가 뚫렸다."

直角   直角 (6급)
직 각   곧을 직 뿔 각

직각: 서로 수직인 두 직선이 이루는 90도의 각. "이 나무토막의 모서리를 직각이 되도록 깎아라."

여의필은 일직선이었는데, 어떻게 구부러졌지?

이 정도 쯤이야.

빳 빳

두 발로 땅 딛고 서니! 설 립立!

出入口直立正平方面

立
훈설 음립(입)

立부수 (설립 부수)

두 발로 땅을 딛고 섰더니, 立이 되었네.

필순에 따라 써 보세요.

총 5획

立 立 立 立 立

필순

立

설 립(입)

설 립(입)	설 립(입)
설 립(입)	설 립(입)

이렇게 쓰여요.

立體
입 체

立體 (6급)
설립 몸체

입체: 길이와 넓이와 두께를 가지고 공간의 일부를 차지하는 것. "이 안경을 쓰면 영화가 입체로 보인다."

國立
국 립

國立 (8급)
나라 국 설립

국립: 나라의 돈으로 세워 운영함. "국립 극장에서 우아하게 오페라를 봤다."

일어서라! 설 립!

32

가로 세로 반듯하게! 바를 정 正!

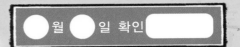

훈 바를 음 정

止부수 (그칠지 부수)

정확하게 정사각형이 되도록!

出入口直立正平方面

🦉 필순에 따라 써 보세요.

총 5획

正 正 正 正 正

필순

바를 정

🐢 이렇게 쓰여요.

정식 / 6급 바를 정 법식

정식: 규정에 맞는 방식. 정당한 방식. "웃지 말고 정식으로 사과해!"

공 정 / 6급 공평할 공 바를 정

공정: 공평하고 올바름. "판사는 늘 공정한 판결을 하기 위해 노력한다."

한자마법을 쓸 때는 언제나 / 정확한 소리! / 정확한 뜻! / 정확한 글자!

33

7급 마법급수한자

저울은 평평해야! 평평할 평 平!

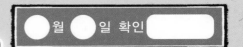

出入口直立正平方面

平

훈 평평할 음 평

干부수 (방패간 부수)

둘이 닮았어. 저울이랑 글자랑!

필순에 따라 써 보세요.

총 5획

平 平 平 平 平

평평할 평

이렇게 쓰여요.

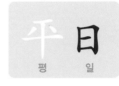 

平日
평 일

平日 [8급]
평평할 평 날 일

평일: 토요일, 일요일, 공휴일이 아닌 보통 날. "놀이 공원에는 평일인데도 사람들이 북적거렸다."

平民
평 민

平民 [8급]
평평할 평 백성 민

평민: 벼슬이 없는 보통 사람. "그는 평민 출신인데도 많은 재산을 모아 귀족들이 부러워했다."

평평해져라! 평평할 평!

자!

어때?

대단한데!

34

쟁기의 모서리는 뾰족해서! 모 방 方!

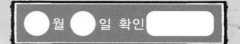

훈 모   음 방

方부수 (모방 부수)

'모 방(方)'의 '모'란, '세모', '네모' 할 때의 '모'야. 뾰족하다는 뜻이지.

出入口直立正平方面

필순에 따라 써 보세요.

총 4획

方 方 方 方

필순

모 방

이렇게 쓰여요.

一方	一方
일 방	8급 한 일 모 방

일방: 어느 한쪽. 어느 한편. "이 길은 지난 달부터 일방통행으로 바뀌었다."

方法	方法
방 법	5급 모 방 법 법

방법: 어떤 목적을 이루거나 해결하기 위한 수단이나 방식. "무슨 좋은 방법이 없을까?"

동서남북 네 방향의 힘을 모아 방위마법을….

7급 마법급수한자

네모난 얼굴은 싫어! 얼굴 면 面 !

월 일 확인

出入口直立正平方面

面
훈 얼굴 음 면

面부수 (얼굴면 부수)

얼굴 면(面) 자를 본떠서 내 얼굴을 네모나게 만들었대.

필순에 따라 써 보세요.

총 9획

面 面 面 面 面 面 面 面 面

얼굴 면

이렇게 쓰여요.

수면: 물의 표면. "수면 위로 붉은 해가 떠올랐다."

사면: 앞뒤와 좌우의 모든 방향. "그 마을은 사면이 산으로 둘러싸여 있어서 쉽게 눈에 띄지 않았다."

어라! 호빵 같은 얼굴이 나랑 닮았네!

36

출입

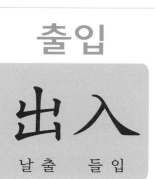
出入
날출 들입

出入 出入 出入 出入
出入 出入 出入 出入

출입 : 나고 들어옴. 어떤 곳을 드나듦.

출입구

出入口
날출 들입 입구

出入口 出入口
出入口 出入口

출입구 : 나왔다 들어갔다 할 수 있도록 한 문.

직립

直立
곧을직 설립

直立 直立 直立 直立
直立 直立 直立 直立

직립 : 꼿꼿하게 똑바로 섬.

정직

正直
바를정 곧을직

正直 正直 正直 正直
正直 正直 正直 正直

정직 : 거짓이나 꾸밈이 없이 바르고 곧음.

7급 마법급수한자 **낱말 깨치기**

월 ● 일 확인

평면

平面
평평할 평 얼굴 면

平面 平面 平面 平面
平面 平面 平面 平面

평면 : 평평한 면.

방면

方面
모 방 얼굴 면

方面 方面 方面 方面
方面 方面 方面 方面

방면 : 어떤 장소나 지역이 있는 방향. 어떤 분야.

출동

105쪽
出動
날 출 움직일 동

出動 出動 出動 出動
出動 出動 出動 出動

출동 : 부대, 경찰 등이 어떤 목적을 위해 움직임.

지면

7급-2 11쪽
地面
땅 지 얼굴 면

地面 地面 地面 地面
地面 地面 地面 地面

지면 : 땅바닥. 땅의 표면.

38

백방

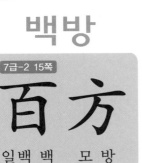
7급-2 15쪽
百方
일백 백　모 방

百方　百方　百方　百方

百方　百方　百方　百方

백방 : 여러 방면. 온갖 방법.

입장

7급-2 35쪽
入場
들 입　마당 장

入場　入場　入場　入場

入場　入場　入場　入場

입장 : 경기장, 회의장, 극장 따위에 들어감.

입장

7급-2 35쪽
立場
설 립　마당 장

立場　立場　立場　立場

立場　立場　立場　立場

입장 : 어떤 일이나 상태에 맞닥뜨린 처지.

가출

7급-2 68쪽
家出
집 가　날 출

家出　家出　家出　家出

家出　家出　家出　家出

가출 : 집을 나감.

1 다음 글을 읽고, 한자로 된 낱말의 음을 한글로 쓰세요.

(1) 지하철 入口에서 친구를 만나기로 했습니다.

(2) 다른 동물과 달리 사람은 直立하여 걷습니다.

(3) 무엇보다 正直한 사람이 되어야 한다.

(4) 이 공원은 밤 열 시 이후에는 出入이 금지됩니다.

(5) 신부가 入場하는 동안 음악이 연주되었습니다.

 장

(6) 화재 신고를 받자마자, 소방차가 出動하였습니다.

 동

(7) 百方으로 노력해 봤지만, 아무 소용이 없었습니다.

백

(8) 한 사람이 모든 方面에서 뛰어나기는 어렵습니다.

하지만 나는 모든 면에서 뛰어나지!

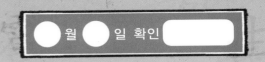

2 다음 한자의 훈(訓: 뜻)과 음(音: 소리)을 쓰세요.

(1) 正 (　　　　　) (2) 口 (　　　　　)

(3) 直 (　　　　　) (4) 出 (　　　　　)

(5) 方 (　　　　　) (6) 面 (　　　　　)

(7) 立 (　　　　　) (8) 平 (　　　　　)

3 다음 글에서 밑줄 친 글자를 한자로 쓰세요.

> 　그 성은 정면에서 바라봤을 때, 입을 크게 벌린 사자의 모습을 하고 있습니다. 성에는 동서남북 네 방향으로 성문이 있습니다. 또, 뒤편에는 눈에 잘 띄지 않는 출입구가 있는데, 전쟁 때 비밀 통로로 이용되었다고 합니다.

(1) 정 : ☐　　(2) 면 : ☐　　(3) 방 : ☐

(4) 출 : ☐　　(5) 입 : ☐　　(6) 구 : ☐

동자는 정면에서 보면 찐빵 같아.

4 다음 한자와 상대 또는 반대되는 한자를 보기 에서 골라 그 번호를 쓰세요.

보기

①出　②口　③正　④平　⑤冬

(1) 入　　　(　　)　　　(2) 夏　　　(　　)

5 다음 한자어의 음을 쓰세요.

(1) 平面　　　(　　　)　　　(2) 入口　　　(　　　)

6 다음 중에서 필순(筆順 : 쓰는 순서)이 올바른 것은?

① ㉠-㉡-㉢-㉣-㉤
② ㉡-㉢-㉣-㉤-㉠
③ ㉡-㉢-㉠-㉣-㉤
④ ㉠-㉡-㉣-㉢-㉤

7 다음 한자에서 ㉠획은 몇 번째 획일까요?

① 첫 번째
② 두 번째
③ 세 번째
④ 네 번째

42

7급 마법급수한자

주문만 외우면 한자가 쏙쏙!

산수 어문
뭐가 좋아?
한자로 문답!

과목과 공부 | 산수어문한자문답

 주판 튕겨 셈을 하자! **셈할 산** 算!

 숫자만 나오면 머리가 아파! **셈할 수** 數!

 입이 많으니 말도 많아! **말씀 어** 語!

 글 좀 안다고 뽐내지 마! **글월 문** 文!

 중국 한나라는 강가에 세워져! **한나라 한** 漢!

 아들에게 글자를 가르치니! **글자 자** 字!

 문이 어디냐고 물으니! **물을 문** 問!

 대나무가 바람에 대답하니! **대답할 답** 答!

낱말을 만들어 봐!
算數, 語文, 漢字,
問答, 文字, 文語,
字數, 漢文!

말하는 책

이 책들은 뭘까?
무슨 교과서 같은데.

이건 급수 한자(漢字)
책이잖아! 그런데
책이 안 펼쳐지네!

마법급수한자
8급
아울북

안녕!
나를 펼치려면
질문에
대답해야 해.

으앗, 책이
말을 하네!

나무 옆에
아비가
모자를 높이
들고 있다.
이것은 무슨 한자냐?

음, 8급 마법급
수한자에서 배
운 내용인데….

알았다,
학교 교(校)!

정답이야!
보기보다는
똑똑한데!
그럼 잘 봐!

이건 그냥 한자
책이 아니라,
한자마법 책이구나!

한자(漢字)

이번에는 수학(數學) 책을 봐야지. 스승님도 수학 공부를 하시는구나!

팔자수염, 구부러진 수염, 네모 안 수염이 함께 길을 걷고 있다. 수염이 모두 몇 개냐?

안녕! 나를 펼치려면 문답(問答)에 통과해야 해.

이것도 8급 마법급수한자 책에서 배운 내용이야! 8 더하기 9 더하기 4니까 합이 21이야. 맞지?

꺽 이렇게 쉽게?

할 수 없군. 책을 보여 줄게. 하지만, 점수는 보면 안 돼!

으악! 스승님 수학 실력이 보통이 아니신데!

$2 + 3 =$
$1 + 4 =$
$3 + 1 =$
$5 - 2 =$
$6 - 3 =$

그런데 이건 뭐지?

편지 봉투다! 어쩌면 이게 단서가 될지도 몰라.

수학(數學), 문답(問答)

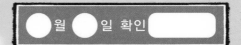
주판 튕겨 셈을 하자! 셈할 산 算!

算
數
語
文
漢
字
問
答

算

훈 셈할   음 산

竹부수 (대죽 부수)

옛날 계산기, 주판!
주판이 없을 땐
손가락을 써!

필순에 따라 써 보세요.

총 14 획

算 算 算 算 算 算 算 算 算 算 算 算 算 算

필순

算⑭

셈할 산

	算	算
	셈할 산	셈할 산
	算	算
	셈할 산	셈할 산

算	算	算	算
算	算	算	算

이렇게 쓰여요.

計算
계   산

6급
計 算
셈할 계 셈할 산

계산: 수를 헤아리는 일. 어떤 일을 미리 예상하여 고려함. "그 꼬마는 1학년인데도 세 자리 수 계산을 척척 해냈다."

暗算
암   산

4급
暗 算
어두울 암 셈할 산

암산: 연필이나 종이 따위를 사용하지 않고, 머릿속으로 하는 계산. "정말 이 문제를 모두 암산으로 풀었단 말이냐?"

끼이 끼이 끼이 끼이

셀 수 없이
많은 박쥐다!

무서워!

46

숫자만 나오면 머리가 아파! **셈할 수 數!**

算數語文漢字問答

훈 셈할 음 수

攵 부수 (등글월문/칠복 부수)

셈을 하라고?
숫자만 봐도
머리가 아파!

필순에 따라 써 보세요.

총 15획

數 數 數 數 數 數 數 數 數 數 數 數 數 數 數

필순

셈할 수

	數	數
	셈할 수	셈할 수
	數	數
	셈할 수	셈할 수

數 數 數 數

數 數 數 數

이렇게 쓰여요.

數	學	8급 數	學
수	학	셈할 수	배울 학

수학: 수량이나 도형의 성질에 관해 연구하는 학문. "수학을 제일 좋아한다니. 어떻게 그럴 수가 있지?"

數	日	8급 數	日
수	일	셈할 수	날 일

수일: 여러 날. "수일 전에 소포가 배달되었다."

책 페이지를
세어라!

셈할 수!

입이 많으니 말도 많아! 말씀 어 語!

算數語文漢字問答

훈 말씀 음 어

言부수 (말씀언 부수)

語에는 입이 여러 개 들어 있지. 모두 몇 개인지 세어 봐!

필순에 따라 써 보세요.

총 14획

語語語語語語語語語語語語語語

필순

말씀 어

語 말씀 어   語 말씀 어

語 말씀 어   語 말씀 어

語 語 語 語

語 語 語 語

이렇게 쓰여요.

國語
국 어

8급
國 語
나라 국 말씀 어

국어: 한 나라의 국민이 쓰는 말. 우리나라 말. "국어를 아끼고 사랑합시다."

言語
언 어

6급
言 語
말씀 언 말씀 어

언어: 말과 글. "이 교재는 유아의 언어 능력을 키우는 데 좋습니다."

48

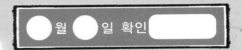

글 좀 안다고 뽐내지 마! 글월 문 文!

훈 글월 음 문

文부수 (글월문 부수)

나만큼 글을 잘 아는 사람 있으면, 나와 보라고 해!

算數語文漢字問答

필순에 따라 써 보세요.

총 4획

文 文 文 文

글월 문

이렇게 쓰여요.

文學 문 학 / 文學 글월 문 배울 학 8급

문학: 사람의 생각이나 감정을 언어로 표현한 예술. 시, 소설 등. "문학 작품을 읽다 보면, 마치 내가 주인공이 된 듯한 느낌이 든다."

長文 장 문 / 長文 길 장 글월 문 8급

장문: 긴 글. "아들은 오랜만에 아버지께 장문의 편지를 썼다."

옛날 글자로 쓰인 글이야.

뭐야?

49

중국 한나라는 강가에 세워져! 한나라 한 漢!

算數語文漢字問答

漢
훈 한나라 음 한

氵부수 (삼수변 부수)

옛날에는 대부분의 나라들이 강가에 세워졌단다.

필순에 따라 써 보세요.

총 14획

漢漢漢漢漢漢漢漢漢漢漢漢漢漢

필순

한나라 한

漢	漢
한나라 한	한나라 한
漢	漢
한나라 한	한나라 한

漢	漢	漢	漢
漢	漢	漢	漢

이렇게 쓰여요.

漢族
한 족

漢族
한나라 한 겨레 족
6급

한족: 중국 인구의 중심을 이루는 민족. "한족은 중국뿐 아니라, 세계 곳곳에 살고 있다."

漢詩
한 시

漢詩
한나라 한 시 시
4급

한시: 한문으로 이루어진 시. "정말 아름다운 한시구나!"

한자가 천 자씩이나….

50

아들에게 글자를 가르치니! 글자 자 字!

算數語文漢字問答

字

훈 글자   음 자

子부수 (아들자 부수)

이게 무슨 자니?

글쎄요, 아들 자(子)는 알겠는데….

🙂 **필순에 따라 써 보세요.**

총 6획

字 字 字 字 字 字

필순

글자 자

字 字 字 字

字 字 字 字

😄 **이렇게 쓰여요.**

字 典	字 典
자 전	글자 자 법 전

5급

자전: 한자를 모아서 하나하나의 뜻과 음을 풀어 놓은 책. "이 자전은 한자를 아주 자세하게 설명해 놓았다."

4급

略 字	略 字
약 자	간략할 략 글자 자

약자: 복잡한 한자의 획이나 점을 생략하여 간단하게 만든 한자. "중국에서는 약자가 많이 쓰인다."

처음 보는 글자들이네.

7급 마법급수한자

문이 어디냐고 물으니! 물을 문 問!

算數語文漢字問答

問
훈 물을 음 문

口부수 (입구 부수)

문이 어디니?

필순에 따라 써 보세요.

총 11획

問 問 問 問 問 問 問 問 問 問 問

필순

물을 문

問 問 問 問

問 問 問 問

이렇게 쓰여요.

質問 / 質問 (5급)
질 문 / 바탕 질 물을 문

질문: 모르는 것이나 알고 싶은 것을 물음. "예상하지 못했던 질문이 튀어나오자 나는 눈앞이 캄캄해졌다."

反問 / 反問 (6급)
반 문 / 돌이킬 반 물을 문

반문: 물음에 답하지 않고, 되받아 물음. "나는 '게임이 무조건 나쁜 건 아니잖아요?'하고 반문했다."

묻게 해 줘!
물을 문!

대나무가 바람에 대답하니! 대답할 답 答!

答

훈 대답할 음 답

竹부수 (대죽 부수)

내가 말세장군보다 더 세냐고 물었더니 대나무〔竹〕가 분명 '응.' 하고 대답했어.

算數語文漢字問答

필순에 따라 써 보세요.

총 12획

答 答 答 答 答 答 答 笅 答 答 答 答

필순

대답할 답

	答	答
	대답할 답	대답할 답
	答	答
	대답할 답	대답할 답
答	答	答	答
答	答	答	答

이렇게 쓰여요.

答 信
답 신

答 信 [6급]
대답할 답 믿을 신

답신: 대답으로 보내는 편지 따위. "편지를 보낸 지 일주일이나 되었지만, 답신이 없었다."

答 禮
답 례

答 禮 [6급]
대답할 답 예도 례

답례: 남에게 받은 인사에 답하여 하는 인사. "답례로 작은 선물을 준비했다."

'대답할 답' 마법은 뭐든 대답하게 할 수 있습니다.

숫자

數字

셈할 수 글자 자

數字 數字 數字 數字

數字 數字 數字 數字

숫자 : 수를 나타내는 글자. '숫자'라고 읽음.

어문

語文

말씀 어 글월 문

語文 語文 語文 語文

語文 語文 語文 語文

어문 : 말과 글을 함께 이르는 말.

한자

漢字

한나라 한 글자 자

漢字 漢字 漢字 漢字

漢字 漢字 漢字 漢字

한자 : 중국에서 만들어져 오늘날 아시아 지역에서 널리 쓰이는 글자.

문답

問答

물을 문 대답할 답

問答 問答 問答 問答

問答 問答 問答 問答

문답 : 물음과 대답. 묻고 대답함.

문자

文字
글월 문　글자 자

文字　文字　文字　文字
文字　文字　文字　文字

문자 : 말의 소리나 뜻을 눈으로 볼 수 있도록 나타낸 기호.

산출

算出 28쪽
셈할 산　날 출

算出　算出　算出　算出
算出　算出　算出　算出

산출 : 계산하여 냄.

구어

30쪽 **口語**
입 구　말씀 어

口語　口語　口語　口語
口語　口語　口語　口語

구어 : 입으로 하는 말. 일상 대화에서 쓰는 말. 반대는 문어(文語).

정답

33쪽 **正答**
바를 정　대답할 답

正答　正答　正答　正答
正答　正答　正答　正答

정답 : 옳은 답.

정자

33쪽

正字
바를 정 글자 자

| 正字 | 正字 | 正字 | 正字 |
| 正字 | 正字 | 正字 | 正字 |

정자 : 모양이 바르고 또박또박 쓴 글자.

자연수

7급-2 12쪽 **7급-2 13쪽**

自然數
스스로 자 그럴 연 셈할 수

| 自然數 | 自然數 |
| 自然數 | 自然數 |

자연수 : 1부터 하나씩 더해서 만들어지는 수. 1, 2, 3, 4 등.

수천

7급-2 14쪽

數千
셈할 수 일천 천

| 數千 | 數千 | 數千 | 數千 |
| 數千 | 數千 | 數千 | 數千 |

수천 : 천의 몇 배가 되는 수. 몇 천.

불문

7급-2 30쪽

不問
아닐 불 물을 문

| 不問 | 不問 | 不問 | 不問 |
| 不問 | 不問 | 不問 | 不問 |

불문 : 묻지 않음. 이것저것 가리지 않음.

1 다음 글을 읽고, 한자로 된 낱말의 음을 한글로 쓰세요.

(1) 아주 옛날의 文字는 그림과 비슷했습니다.

(2) 미국인과 간단한 問答을 주고받았습니다.

(3) 이 문제의 正答은 3번입니다.

(4) 삼촌은 5개 國語를 할 줄 아십니다.

(5) 위대한 文學 작품은 오랜 세월이 지나도 사람들에게 감동을 줍니다.

(6) 알고 보면 數學도 재미있습니다.

(7) 경기장에 數千 명의 사람들이 모였습니다.

천

(8) 漢字를 알면 우리말을 더 잘 할 수 있습니다.

우리말 가운데
열에 일곱은 한자로
이루어져 있어.

2 다음 한자의 훈(訓: 뜻)과 음(音: 소리)을 쓰세요.

(1) 漢 (   )   (2) 語 (   )

(3) 文 (   )   (4) 問 (   )

(5) 字 (   )   (6) 答 (   )

(7) 數 (   )   (8) 算 (   )

3 다음 한자와 뜻이 비슷한 한자를 보기 에서 골라 그 번호를 쓰세요.

보기

①語 ②文 ③數 ④漢

算   (   )

4 다음 한자와 상대 또는 반대되는 한자를 보기 에서 골라 그 번호를 쓰세요.

보기

①問 ②字 ③文 ④語

答   (   )

덧셈, 뺄셈, 셈하는
것이라면 뭐든 물어 봐!
모두 답할 수 있다고!

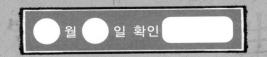
5 다음 빈칸에 공통으로 들어갈 알맞은 한자를 보기에서 골라 그 번호를 쓰세요.

> 보기
>
> ①算 ②語 ③正 ④數

(1) (   )答 : 옳은 답.
   (   )字 : 모양이 바르고 또박또박 쓴 글자.

(2) (   )學 : 수량이나 도형의 성질에 관해 연구하는 학문.
   (   )日 : 2, 3일.

6 다음 글에서 밑줄 친 글자를 한자로 쓰세요.

> 오빠는 <u>수</u>학을 제일 좋아합니다. 어려서부터 계<u>산</u>을 잘 했대요. 나는 <u>문</u>학에 소질이 있대요. 어릴 때에는 인형을 앉혀 놓고 혼자서 몇 시간씩 질<u>문</u>과 대<u>답</u>을 하면서 놀았다고 해요. 글<u>자</u>를 익힌 다음부터는 생각한 이야기를 글로 많이 썼습니다. 나는 커서 훌륭한 동화 작가가 되고 싶어요.

(1) 수 : ☐   (2) 산 : ☐   (3) 문 : ☐

(4) 문 : ☐   (5) 답 : ☐   (6) 자 : ☐

7 다음 한자에서 ㉠획은 몇 번째 획일까요?

① 첫 번째
② 다섯 번째
③ 일곱 번째
④ 여덟 번째

7급 한자로 익히는 필순

난 필순을 거꾸로 해서 써 볼래.

아래의 한자들은 특별히 필순에 주의해야 합니다.
필순을 잘 기억해서 순서대로 쓰는 연습을 해 보세요.

力 力 | 힘 력 | 두 획짜리 한자라서 쉬워 보이지만, 의외로 자주 헷갈리는 한자입니다.

出 出 出 出 出 | 날 출 | 山(메 산)을 생각하면 쉬워요. 좌우가 대칭일 때에는 가운데부터 씁니다.

物 物 物 物 | 물건 물 | 牛(소 우)는 원래 丨을 마지막에 쓰지만, 부수로 쓰일 때에는 순서가 바뀝니다.

方 方 方 方 | 모 방 | 위의 力(힘 력)과 비슷합니다.

有 有 有 有 有 有 | 있을 유 | 세로 획부터 써요. 7급 2권의 右(오른 우)와 비슷합니다.

花 花 花 花 | 꽃 화 | ⁺⁺(초두머리)는 조금 까다로워요.

農 農 農 農 農 農 | 농사 농 | 曲(굽을 곡)은 바깥에서 안으로, 가로에서 세로로 써요.

丆 匚 厇 厇 辰 辰
辰 辰 辰 農 農 農

거꾸로 쓰려니까 몇 배 힘드네.

껄껄껄! 그래서 필순이 생긴 거란다. 필순대로 쓰면 쓰기가 훨씬 편하지.

주소와 이름 | 주소성명동리읍시명

 사람이 주인이 되어! **살 주 住!**

 도끼를 집의 어느 곳에 둘까? **바 소 所!**

 여자가 자식 낳아 성이 생기니! **성 성 姓!**

 저녁이다 입을 벌려, 이름이 뭐냐? **이름 명 名!**

 물가에 자리 잡은! **마을 동 洞!**

 땅 위에 밭 일구니! **마을 리 里!**

 고을 주위에 담장을 두르니! **고을 읍 邑!**

 시장이라고 높이 내걸어라! **저자 시 市!**

 입으로 명령을 내리니! **목숨 명 命!**

낱말을 만들어 봐!
住所, 姓名, 洞里, 命名,
名所, 洞, 里, 邑, 市!

성명도사를 찾아서

주소(住所)가 적혀 있네. 이 정도 한자쯤이야.

저자市 고을邑 마을里
女生名도사

저자시 고을읍 마을리에 사는 성명도사라는 분을 찾으면 스승님도 찾을 수 있을 거야.

그나저나 저자시 고을읍이 어딘지 알 수가 있나.

저자시가 어디예요?

이놈이 노인 앞에서 장난을 하나…

저자시 고을읍 마을리란 모두 한자의 훈과 음이다. 그것을 주소라고 착각하다니 무식이 하늘을 찌르는구나!

그럼 성명도사는 아세요?

저자란 훈이고 시는 음이 아니냐!

성명

어허! 그놈 참! 성명(姓名)이 곧 이름이거늘, 자기 이름을 성명이라고 짓는 자가 세상에 어디 있느냐!

다라콩

에잇! 모르면 모른다고 말로 할 것이지. 저기 가서 물어보자.

욱씬 욱씬

주소(住所), 성명(姓名)

시(市), 읍(邑), 리(里)

사람이 주인이 되어! 살 주 住!

住所姓名洞里邑市命

住

훈 살 음 주

亻부수 (사람인변 부수)

빈 집인 줄
알았는데
사람이 사네!

🗣 필순에 따라 써 보세요.

총 7획

住住住住住住住

필순

살 주

🤖 이렇게 쓰여요.

| 住 民 | 住 民 (8급) |
| 주 민 | 살 주 백성 민 |

주민 : 일정한 지역에 살고 있는 사람들.
"어린이 놀이터를 만들기 위해 마을 주민
들이 모였다."

| 住 宅 | 住 宅 (5급) |
| 주 택 | 살 주 집 택 |

주택 : 사람이 들어가 살 수 있게 지은 집.
"아파트를 팔고 단독 주택을 샀다."

이 집에 사는
사람은 저팔계.

엄청

크다.

도끼를 집의 어느 곳에 둘까? 바 소 所!

훈 바(곳) 음 소

戶부수 (지게호 부수)

戶는 집이라는 뜻! 斤은 도끼라는 뜻!

옛날에는 도끼가 아주 중요한 것이었나 봐.

住所姓名洞里邑市命

필순에 따라 써 보세요.

총 8획

所 所 所 所 所 所 所 所

필순

바 소

이렇게 쓰여요.

所用 / 所用 [6급]
소 용 / 바소 쓸용

소용: 쓸 곳. 쓰이는 바. "뒤늦게 애써 보았지만, 아무 소용이 없었다."

所在 / 所在 [6급]
소 재 / 바소 있을재

소재: 있는 곳. "아무도 그의 소재를 알지 못했다."

도끼를 어느 곳에 둘까?

집에다.

7급 마법급수한자

여자가 자식 낳아 성이 생기니! 성 성 姓!

월 ● 일 확인

住所姓名洞里邑市命

姓

훈성 음성

女부수 (계집녀 부수)

응애

한국인의 성(姓) 중에 가장 많은 성(姓)은 김(金)씨, 이(李)씨, 박(朴)씨란다.

🖊 필순에 따라 써 보세요.

총 8 획

姓 姓 姓 姓 姓 姓 姓 姓

성 성

😀 이렇게 쓰여요.

同	姓	17쪽 同 姓
동	성	한가지 동 성 성

동성: 성이 같음. 같은 성. "우리 반에 나와 동성인 아이가 한 명 있다."

姓	氏	4급 姓 氏
성 성	씨	성 성 성 씨

성씨: 성을 높여 부르는 말. "실례지만 성씨가 어떻게 되십니까?"

내 성이 '끼'고 이름이 '로로'라고?

저녁이다 입을 벌려, 이름이 뭐냐? 이름 명 名!

名

훈 이름 음 명

口부수 (입구 부수)

名은 夕(저녁 석)과 口(입 구)가 합쳐진 글자야.

住所姓名洞里邑市命

필순에 따라 써 보세요.

총 6획

名 ク タ タ 名 名 名

필순

이름 명

이렇게 쓰여요.

學名
학 명

8급
學 名
배울 학 이름 명

학명: 학술적인 목적으로 동식물 따위에 붙이는 이름. "백두산 호랑이의 학명이 무엇인지 아는 사람?"

名山
명 산

8급
名 山
이름 명 메 산

명산: 이름난 산. "금강산은 우리나라 최고의 명산이다."

내 이름은 '끼로로'야!

안녕!

물가에 자리 잡은! 마을 동 洞!

住所姓名洞里邑市命

훈 마을 음 동

氵 부수 (삼수변 부수)

우리 마을에 오신 걸 환영합니다! 짜잔!

 필순에 따라 써 보세요.

총 9획

洞洞洞洞洞洞洞洞洞

필순

마을 동

	洞	洞
	마을 동	마을 동
	洞	洞
	마을 동	마을 동

洞 洞 洞 洞

洞 洞 洞 洞

 이렇게 쓰여요.

洞 口
동 구

洞 口
마을 동 입구 (30쪽)

동구: 동네로 들어가는 입구. "동구 밖 과수원 길 아카시아 꽃이 활짝 폈네."

洞 長
동 장

洞 長
마을 동 어른 장 (8급)

동장: 동을 대표하여 일을 맡고 있는 사람. "동사무소에 갔다가 동장님과 인사를 하였다."

어서 와요, 두목!

우리 동네에 오니 좋구나.

땅 위에 밭 일구니! 마을 리 里!

里

훈 마을 음 리(이)

里부수 (마을리 부수)

里는 土(흙 토)와 田(밭 전)이 합쳐진 글자야. 사람들이 밭을 일구면서부터 마을이 생겼지.

住所姓名洞里邑市命

😛 **필순에 따라 써 보세요.**

총 7획

里 口 日 旦 旦 里 里

필순

里

마을 리

	里	里
里	里	里
里	里	里
里	里	里

😊 **이렇게 쓰여요.**

里 長	里 長 [8급]
이 장	마을 리 어른 장

이장 : 우리나라 행정구역 상의 리(里)를 대표하여 일을 맡고 있는 사람. "이장님께서 오늘 우리 집에 오셨다."

鄕 里	鄕 里 [4급]
향 리	시골 향 마을 리

향리 : 고향. 고향 마을. "그는 벼슬을 그만두고 향리로 돌아가 아이들을 가르치며 남은 인생을 보냈다."

里는 낱말 앞에 서는 '이'로 읽어.

아하, '이장' 처럼요?

고을 주위에 담장을 두르니! 고을 읍 邑!

住所姓名洞里邑市命

훈 고을 음 읍

邑부수 (고을읍 부수)

> 고을이 마을보다 더 커. 고을〔邑〕은 조선 시대의 지방 도시를 가리키는 말이지.

필순에 따라 써 보세요.

총 7획

邑 邑 邑 邑 邑 邑 邑

필순

고을 읍

邑	邑
고을 읍	고을 읍
邑	邑
고을 읍	고을 읍
邑	邑
邑	邑

이렇게 쓰여요.

都邑
도 읍 / 도읍 도 고을 읍

도읍: 서울. 그 나라의 수도를 정함. "1394년 태조 임금은 한양(서울)을 새로운 도읍지로 정했다."

小邑
소 읍 / 작을 소 고을 읍

소읍: 작은 고을. "나는 한반도 남쪽 끝의 소읍에서 태어났다."

고을에 관아를 세우고 / 주위에 성을 쌓았지.

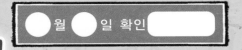

시장이라고 높이 내걸어라! 저자 시 市!

훈 저자 음 시

巾부수 (수건건 부수)

저자란, 옛날 말로 '시장'이라는 뜻이지. 저잣거리에 왔으니 국밥 한 그릇 먹고 가자.

住所姓名洞里邑市命

 필순에 따라 써 보세요.

총 5획

市 市 市 市 市

필순

저자 시

 이렇게 쓰여요.

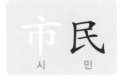
시   민

8급
저자 시 백성 민

시민: 시에 사는 사람. "시민들은 맑은 물과 맑은 공기를 원한다."

都 市
도   시

5급
도읍 도 저자 시

도시: 산업이나 행정, 교육, 문화, 교통 등이 발달하여 사람들이 많이 모여 사는 지역. "도시에는 자동차가 많다."

시장에서 먹을 것을 잔뜩 사 왔어.

입으로 명령을 내리니! **목숨 명 命!**

住所姓名洞里邑市 命

훈 목숨 음 명

口부수 (입구 부수)

命은 令(명령할 령)과 口(입 구)가 합쳐진 글자야. 命에는 '목숨' 말고도 '명령하다'라는 뜻이 있지.

필순에 따라 써 보세요.

총 8획

令 令 令 令 令 令 命 命

목숨 명

이렇게 쓰여요.

 生命 生命 (8급) 날생 목숨명

생명: 생물이 살아서 숨쉬고 활동하게 하는 힘. "환자의 생명이 위태롭다." "생명을 소중하게 여겨야 한다."

 人命  人命 (8급) 사람인 목숨명

인명: 사람의 목숨. "지진으로 인해 많은 인명 피해가 났다."

목숨이 위태롭다.

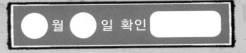

주소

住所
살 주 바 소

住所 住所 住所 住所
住所 住所 住所 住所

주소 : 사는 곳을 행정 구역에 따라 나타낸 것.

성명

姓名
성 성 이름 명

姓名 姓名 姓名 姓名
姓名 姓名 姓名 姓名

성명 : 성과 이름을 함께 이르는 말.

동리

洞里
마을 동 마을 리

洞里 洞里 洞里 洞里
洞里 洞里 洞里 洞里

동리 : 마을.

명명

命名
목숨 명 이름 명

命名 命名 命名 命名
命名 命名 命名 命名

명명 : 이름을 지어 붙임.

명소

名所
이름 명 바 소

名所 名所 名所 名所
名所 名所 名所 名所

명소 : 이름이 널리 알려진 곳.

시립

市立 [32쪽]
저자 시 설 립

市立 市立 市立 市立
市立 市立 市立 市立

시립 : 시에서 설립하고 경영하는 일 또는 그러한 시설.

소유

所有 [101쪽]
바 소 있을 유

所有 所有 所有 所有
所有 所有 所有 所有

소유 : 가지고 있음. 또는 가지고 있는 물건 따위.

유명

有名 [101쪽]
있을 유 이름 명

有名 有名 有名 有名
有名 有名 有名 有名

유명 : 이름이 널리 알려져 있음.

백성

7급-2 15쪽

百姓

일백 백   성 성

百姓 百姓 百姓 百姓

百姓 百姓 百姓 百姓

백성 : 옛날에 국민을 이르던 말.

시장

7급-2 35쪽

市場

저자 시   마당 장

市場 市場 市場 市場

市場 市場 市場 市場

시장 : 물건을 사고 파는 일정한 장소.

장소

7급-2 35쪽

場所

마당 장   바 소

場所 場所 場所 場所

場所 場所 場所 場所

장소 : 어떤 일이 일어나는 곳.

읍내

7급-2 36쪽

邑內

고을 읍   안 내

邑內 邑內 邑內 邑內

邑內 邑內 邑內 邑內

읍내 : 읍(邑)의 안.

1 다음 글을 읽고, 한자로 된 낱말의 음을 한글로 쓰세요.

(1) 住所를 알아야 선물을 보내지.

[ ][ ]

(2) 姓名 칸에 성과 이름을 적어라.

[ ][ ]

(3) 우리 고장에는 아름다운 관광 名所가 많습니다.

[ ][ ]

(4) 市立 도서관에서 책을 빌렸습니다.

[ ][ ]

(5) 진도는 진돗개로 有名합니다.

유 [ ]

(6) 엄마랑 市場에서 옷을 샀습니다.

[ ]장

(7) 아빠는 아침 일찍 邑內에 다녀오셨습니다.

[ ]내

(8) 그 길은 모두가 알 만한 축구 선수의
이름을 따서 命名되었습니다.

[ ][ ]

지금부터 이 길을
손오공 길이라고
이름 붙인다.

2 다음 한자의 훈(訓: 뜻)과 음(音: 소리)을 쓰세요.

(1) 洞 (   )   (2) 所 (   )

(3) 名 (   )   (4) 住 (   )

(5) 市 (   )   (6) 里 (   )

(7) 命 (   )   (8) 邑 (   )

3 다음 뜻에 알맞은 한자를 보기 에서 찾아 그 번호를 쓰세요.

보기

①命 ②市 ③邑 ④里
⑤洞 ⑥名 ⑦姓 ⑧所 ⑨住

(1) 마을 리 (   )   (2) 저자 시 (   )   (3) 목숨 명 (   )

(4) 이름 명 (   )   (5) 살 주 (   )   (6) 성 성 (   )

(7) 고을 읍 (   )   (8) 바 소 (   )   (9) 마을 동 (   )

4 다음 빈칸에 알맞은 한자를 보기 에서 골라 그 번호를 쓰세요.

보기

①命 ②市 ③邑 ④里 ⑤洞 ⑥名 ⑦姓 ⑧住

(1) (   )所 : 이름이 널리 알려진 곳.

(2) (   )所 : 사는 곳을 행정 구역에 따라 나타낸 것.

(3) (   )名 : 성과 이름을 함께 이르는 말.

5 다음 글에서 밑줄 친 글자를 한자로 쓰세요.

> 며칠 전 우리 집은 아빠의 직장 가까운 곳으로 이사를 했습니다. 이사를 하면서 주소도 바뀌었습니다. '시'는 같은데, 그 뒤의 '읍'과 '리'가 '동'으로 바뀌었습니다.

(1) 주 : ☐   (2) 소 : ☐   (3) 시 : ☐

(4) 읍 : ☐   (5) 리 : ☐   (6) 동 : ☐

6 다음 한자에서 ㉠획은 몇 번째 획일까요?

① 다섯 번째
② 여섯 번째
③ 일곱 번째
④ 여덟 번째

7 다음 한자에서 ㉠획은 몇 번째 획일까요?

① 두 번째
② 세 번째
③ 네 번째
④ 다섯 번째

내 주소가 화과산에서 보리선원으로 바뀌었어.

앗, 옆 동네구나. 앞으로 귀찮게 됐네.

7급 마법급수한자

주문만 외우면 한자가 쏙쏙!

농촌엔
식물 화초!
나무 키워 육림!

농촌 | 농촌식물화초육림

 아침부터 농부들 노랫소리! **농사 농 農!**

 나무 옆에 점점이 집이 들어서니! **마을 촌 村!**

 나무를 심을 때는 곧게 심어! **심을 식 植!**

 소는 제일 귀한 재물! **물건 물 物!**

 풀이 자라 꽃이 되니! **꽃 화 花!**

 일찍부터 풀이 자라니! **풀 초 草!**

 살이 통통 키가 쑥쑥! **기를 육 育!**

 나무 둘이 모여! **수풀 림 林!**

낱말을 만들어 봐!
農村, 植物, 花草,
育林, 農林!

마법의 화초를 먹고 힘을 기르다

아이고, 도사님! 여생석구라고 진작 좀 말씀해 주시죠.

혼자 힘으로 찾지 못할 정도면 날 만나도 소용이 없다.

코털에게 듣기로는 일자무식 이라던데, 그나마 성명이라고 읽을 줄은 아니 아주 무식쟁이는 아니렷다.

좌우간 큰일 났어요. 우리 스승님이 납치 되셨다고요.

도대체 누구 짓이죠? 스승님은 어디에 계시죠? 살아 계실까요?

앗, 맛있겠다.

우선 먼 길을 오느라 배가 고플 테니 이것부 터 먹고서 얘기 하자꾸나.

윽, 무슨 음식이 이래요? 고기나 과자나 뭐 그런 것 없어요?

초콜릿이나 피자나 햄버거나….

떽! 어디서 반찬 투정이냐! 이것은 내가 오늘 같은 날을 위해서 십 년 동안 키운 마법의 화초(花草)니라.

화초요? 읍, 너무 써요!

보아라, 오공아. 봄이 한참 지났을 무렵인 데 아직도 겨울이 계속되어 식물(植物)이 다 죽어 가는구나.

화초(花草), 식물(植物)

저 논밭도 보려무나.
모내기를 하지 못해
농촌(農村) 주민들이
모두 슬퍼하고 있단다.

도대체 누구 짓이죠?
제가 그 놈들을 당장 쳐부수고
오겠어요.

아직은 안 된다.
불불단과 싸우려면

최소한 손바람으로
저 나무를 쓰러뜨릴 정도로
힘을 길러야 한다.

불불단
이요?

그렇다. 네 스승인 코털도사를
잡아간 자들이지.

봄이 오는 것을 막고,
낮과 밤을 뒤바꾼 것도
다 불불단의 짓이니라.

손바람으로 저 나무를
쓰러뜨리려면
어떻게 해야 하죠?

우선은 내가 만든 화초
씨앗과 나무 뿌리를 먹고
힘을 길러야 하느니라.

으,
또 먹으라고요?

농촌(農村)

아침부터 농부들 노랫소리! 농사 농 農!

農村植物花草育林

農
훈 농사 음 농
辰부수 (별진 부수)

필순에 따라 써 보세요.

총 13획

農農農農農農農農農農農農農

농사 농

이렇게 쓰여요.

농민: 농사를 생업으로 삼는 사람. "쌀이 남아 돌아서 농민들의 걱정이 크다."

농가: 농사를 짓는 집. "추수를 마치고 나자, 농가에는 웃음소리가 가득했다."

82

나무 옆에 점점이 집이 들어서니! 마을촌 村!

村

훈 마을 음 촌

木부수 (나무목 부수)

마을에서 빼놓을 수 없는 것이 나무야. 나무는 늘 마을과 함께하지.

農村植物花草育林

필순에 따라 써 보세요.

총 7획

村 村 村 村 村 村 村

마을 촌

이렇게 쓰여요.

山村
산   촌

8급
山 村
메 산 마을 촌

산촌 : 산에 있는 마을. "산촌의 아낙들이 개울에서 빨래를 하고 있다."

村長
촌   장

8급
村 長
마을 촌 어른 장

촌장 : 마을의 우두머리. "촌장이 세상을 떠나자 마을 사람들은 모두 슬픔에 잠겼다."

동서남북에 마을이 하나씩 있어.

서마을 기장선원 동마을
남마을 에헴 모두 넷!

나무를 심을 때는 곧게 심어! 심을 식 植!

農村植物花草育林

植

훈 심을 음 식

木부수 (나무목 부수)

植은 나무 목(木)과 곧을 직(直)이 합쳐진 글자야.

나무를 곧게 심으라는 말씀!

👀 필순에 따라 써 보세요.

총 12획

植植植植植植植植植植植植

필순

심을 식

植 植
심을 식   심을 식

植 植
심을 식   심을 식

植 植 植 植

植 植 植 植

🐞 이렇게 쓰여요.

植木
식 목

植木
심을 식 나무 목

8급

식목: 나무를 심음. "식목일에 우리 가족은 뒤뜰에 대추나무를 심었다."

移植
이 식

移植
옮길 이 심을 식

4급

이식: 옮겨 심음. "철수의 심장 이식 수술을 위해 전교생이 모금 운동을 벌였다."

이놈! 동자야!

허걱!

나무를 심지는 못할망정 베는 거냐?

악!

소는 제일 귀한 재물! 물건 물 物!

훈 물건 음 물

牛부수 (소우 부수)

옛날에 소〔牛〕는
농사를 짓는 데
꼭 필요해서 보물처럼
대했다고 해.

農村植物花草育林

필순에 따라 써 보세요.

총 8 획

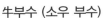 物 物 牛 物 物 物 物 物

필순

物 物

物 物

物 物

물건 물

物 物 物 物

物 物 物 物

이렇게 쓰여요.

生物
생 물

[8급]
生物
날 생 물건 물

생물 : 살아 있는 것. 동물, 식물, 미생물로
나뉜다. "바다 생물 가운데에는 알려지지
않은 것이 많다."

萬物
만 물

[8급]
萬物
일만 만 물건 물

만물 : 세상에 있는 온갖 것들. "그 애는
만물박사야. 모르는 게 없어."

마법천자패는
엄청 귀한 물건이래.

봐!

85

풀이 자라 꽃이 되니! 꽃 화 花!

農村植物花草育林

花
훈 꽃 음 화

++ 부수 (초두머리 부수)

이 꽃은 어쩜 이렇게 예쁠까? 나랑 꼭 닮았네.

😑 필순에 따라 써 보세요.

총 8획

花花花花花花花花

필순

花 ⑧
꽃 화

	花	花
	꽃 화	꽃 화
	花	花
	꽃 화	꽃 화
花	花	花	花
花	花	花	花

😊 이렇게 쓰여요.

國花	8급 國花
국 화	나라 국 꽃 화

국화: 한 나라를 대표하는 꽃. "우리나라 국화는 무궁화이다."

生花	8급 生花
생 화	날 생 꽃 화

생화: 살아 있는 화초에서 꺾은 진짜 꽃. "언니의 결혼식장을 생화로 장식했다."

피어라! 꽃 화!

86

일찍부터 풀이 자라니! 풀 초 草!

훈 풀 음 초

++ 부수 (초두머리 부수)

풀이 벌써 자랐네.
풀〔草〕 속에
'이를 조(早)'자가
들어 있어서 그런가?

農村植物花草育林

필순에 따라 써 보세요.

총 10획

草草草草草草草草草草

필순

草

풀 초

草 草 草 草 草 草 草 草

이렇게 쓰여요.

 草木
초   목

 草木 [8급]
풀 초   나무 목

초목: 풀과 나무. "초여름 비가 내리고 난
뒤 초목이 무성해졌다."

 草野
초   야

 草野 [6급]
풀 초   들 야

초야: 풀이 난 들. 가난한 시골. "그 선비
는 십 년 동안 초야에 묻혀 책만 읽었다."

이 약초를 씹으면
멍이 없어져.

살이 통통 키가 쑥쑥! 기를 육 育!

農村植物花草育林

훈 기를 음 육

月부수 (육달월 부수)

바둑아! 많이 먹고 쑥쑥 자라라!

포동 포동

필순에 따라 써 보세요.

총 8획

育 育 育 育 育 育 育 育

기를 육

이렇게 쓰여요.

教育 / 教育 (8급) 가르칠 교 기를 육

교육: 지식이나 기술, 품성 따위를 가르침. "교육에는 무엇보다 사랑이 기초가 되어야 한다."

育成 / 育成 (6급) 기를 육 이룰 성

육성: 길러서 자라게 함. "중소기업을 육성해야 나라의 산업이 발전할 수 있다."

이 약초를 직접 기르려면 십 년은 족히 걸릴 거야.

나무 둘이 모여! 수풀 림 林!

林

훈 수풀 음 림(임)

木부수 (나무목 부수)

나무가 하나 둘씩 모여서 숲을 이루지.

農村植物花草育林

 필순에 따라 써 보세요.

총 8획

一 十 木 木 朮 村 朴 林

필순

林

수풀 림

 이렇게 쓰여요.

農 林
농 림

82쪽
農 林
농사 농 수풀 림

농림 : 농업과 임업을 아울러 이르는 말. "새로운 농림수산부 장관이 농업 정책을 발표했다."

山 林
산 림

8급
山 林
메 산 수풀 림

산림 : 산과 숲. 산에 있는 숲. "울창한 산림을 만들려면 나무를 많이 심자!"

木이 두 번! 수풀 림 林!

농촌

農村
농사 농 마을 촌

| 農村 | 農村 | 農村 | 農村 |
| 農村 | 農村 | 農村 | 農村 |

농촌 : 농사를 생업으로 삼는 마을이나 지역.

식물

植物
심을 식 물건 물

| 植物 | 植物 | 植物 | 植物 |
| 植物 | 植物 | 植物 | 植物 |

식물 : 엽록소를 가지고 있으며, 광합성 작용으로 양분을 얻는 생물의 한 무리.

화초

花草
꽃 화 풀 초

| 花草 | 花草 | 花草 | 花草 |
| 花草 | 花草 | 花草 | 花草 |

화초 : 꽃이 피는 풀과 나무, 또는 심어 놓고 즐기기 위한 식물의 총칭.

육림

育林
기를 육 수풀 림

| 育林 | 育林 | 育林 | 育林 |
| 育林 | 育林 | 育林 | 育林 |

육림 : 나무를 심어 가꾸는 일.

동물

105쪽

動物
움직일 동 물건 물

動物 動物 動物 動物

動物 動物 動物 動物

동물 : 스스로 몸을 움직일 수 있는 생물. 반대는 식물.

강촌

7급-2 17쪽

江村
강 강 마을 촌

江村 江村 江村 江村

江村 江村 江村 江村

강촌 : 강가에 있는 마을.

해물

7급-2 18쪽

海物
바다 해 물건 물

海物 海物 海物 海物

海物 海物 海物 海物

해물 : 해산물. 바다에서 나는 동식물의 총칭. 물고기, 조개, 해초 등.

해초

7급-2 18쪽

海草
바다 해 풀 초

海草 海草 海草 海草

海草 海草 海草 海草

해초 : 바다에서 자라는 풀.

농부

7급-2 47쪽

農夫

농사 농 지아비 부

| 農夫 | 農夫 | 農夫 | 農夫 |
| 農夫 | 農夫 | 農夫 | 農夫 |

농부: 농사를 짓는 사람.

농장

7급-2 35쪽

農場

농사 농 마당 장

| 農場 | 農場 | 農場 | 農場 |
| 農場 | 農場 | 農場 | 農場 |

농장: 농사 지을 땅과 시설을 갖추고, 농작물을 가꾸거나 가축을 기르는 곳.

초가

7급-2 68쪽

草家

풀 초 집 가

| 草家 | 草家 | 草家 | 草家 |
| 草家 | 草家 | 草家 | 草家 |

초가: 짚이나 갈대 따위로 지붕을 만든 집.

농사

7급-2 70쪽

農事

농사 농 일 사

| 農事 | 農事 | 農事 | 農事 |
| 農事 | 農事 | 農事 | 農事 |

농사: 곡식이나 채소 따위를 재배하는 일.

1 다음 글을 읽고, 한자로 된 낱말의 음을 한글로 쓰세요.

(1) 農村에서는 요즘 모내기가 한창입니다.

(2) 植物이 자라려면 물과 햇빛이 필요합니다.

(3) 뒤뜰에 花草 씨앗을 뿌렸습니다.

(4) 선비는 십 년 동안 山林에 파묻혀 글만 읽었습니다.

(5) 植木日에 온 가족이 함께 나무를 심었습니다.

(6) 좋은 教育이란 사람을 사람답게 만드는 것입니다.

(7) 비가 내린 뒤에 草木이 무성해졌습니다.

(8) 사람도 動物입니다.

物로 끝나는 말은, 動物, 植物, 생물, 인물….

또 있어! 건물, 사물, 괴물!

93

2 다음 한자의 훈(訓: 뜻)과 음(音: 소리)을 쓰세요.

(1) 農 (   )   (2) 草 (   )

(3) 物 (   )   (4) 花 (   )

(5) 村 (   )   (6) 林 (   )

(7) 植 (   )   (8) 育 (   )

3 다음 문장에서 밑줄 친 단어와 같은 뜻을 지닌 한자를 보기 에서 찾아
그 번호를 쓰세요.

보기

①林 ②植 ③村 ④草

(1) 수풀 사이에 숨어 몇 시간을 기다렸습니다.   (   )

(2) 비가 내리고 난 뒤에 풀이 많이 자랐습니다.   (   )

4 다음 빈칸에 알맞은 한자를 보기 에서 골라 그 번호를 쓰세요.

보기

①花 ②林 ③農 ④物 ⑤育

(1) (   )村 : 농사를 생업으로 삼는 마을이나 지역.

(2) (   )草 : 꽃이 피는 풀과 나무.

(3) (   )林 : 나무를 심어 가꾸는 일.

5 다음 글에서 밑줄 친 글자를 한자로 쓰세요.

> 오 년 전까지만 해도 그곳은 흔히 볼 수 있는 가난한 농촌이었습니다. 식물이 자라기에 더없이 좋은 땅이었지만, 아무도 농사를 지으려고 하지 않았습니다. 아빠는 그곳에서 화초를 기르기 시작하셨습니다. 처음에는 어려움이 많았지만, 화초 재배는 크게 성공했습니다.

(1) 농 : ☐   (2) 촌 : ☐   (3) 식 : ☐

(4) 물 : ☐   (5) 화 : ☐   (6) 초 : ☐

6 다음 한자에서 ㉠획은 몇 번째 획일까요?

① 다섯 번째
② 여섯 번째
③ 일곱 번째
④ 여덟 번째

7 다음 한자에서 ㉠획은 몇 번째 획일까요?

① 세 번째
② 네 번째
③ 다섯 번째
④ 여섯 번째

'촌'이 붙는 말도 많아. 농촌, 어촌, 산촌, 강촌….

부수만 쓰니까
더 쉽네 뭐!

아래 7급 한자에서 부수에 해당하는 부분만 써 봅시다.
한자는 이처럼 부수에 다른 부수를 더해서 만들어졌답니다.

春 봄 춘
날일 부수

夏 여름 하
천천히걸을
쇠 부수

秋 가을 추
벼화 부수

冬 겨울 동
이수/얼음
빙 부수

直 곧을 직
눈목 부수

語 말씀 어
말씀언 부수

字 글자 자
아들자 부수

問 물을 문
입구 부수

答 대답할 답
대죽 부수

住 살 주
사람인변
부수

所 바 소
지게호 부수

姓 성 성
계집녀 부수

洞 마을 동
물수 부수

有 있을 유
달월 부수

動 움직일 동
힘력 부수

植 심을 식
나무목 부수

物 물건 물
소우 부수

草 풀 초
초두머리 부수

부수를 알면
사전에서 찾기가
편하지.

7급 마법급수한자

주문만 외우면 한자가 쏙쏙!

주유기중활동에
력만 붙여 봐!

힘 | **주유기중활동력**

 임금이 점찍어 주니! **주인 주 主!**

처마 밑에 달 있으니! **있을 유 有!**

 쌀밥 먹으니 기운이 나서! **기운 기 氣!**

 마을 리에 일천 천은 무거워서! **무거울 중 重!**

 혀가 살아서 침 튀기니! **살 활 活!**

 무거울 중을 힘으로 움직이니! **움직일 동 動!**

 팔뚝에 근육이 불끈! **힘 력 力!**

낱말을 만들어 봐!
主力, 有力, 氣力
重力, 活力, 動力
活動, 活氣!

전설의 돌

오공아, 이것 좀 봐라.

이것은 고대의 전설에 등장하는 신비의 돌이다. 세 개의 신비의 돌 중 하나지.

와! 멋져요!

먼 옛날에 마법사들이 숨겨 놓은 비밀의 돌이다.

이 세 개의 돌을 모두 소유(所有)한 자는 세상을 다스리는 힘을 얻게 된다고 한다.

이것은 기력(氣力)의 돌이다. 생명의 비밀을 감추고 있는 돌이지. 코틸도사와 나는 오래 전에 이 돌을 손에 넣었지만, 아직 한 번도 써 본 적이 없다.

멋져

이 돌은 병든 자나 죽어가는 자도 살려 낼 수 있지.

발딱

또 다른 하나는 동력(動力)의 돌이다. 기계를 마음대로 조종할 수 있지.

기기익

쿵

소유(所有), 기력(氣力), 동력(動力)

마지막이 중력(重力)의 돌이다. 해와 달, 산과 강을 움직일 수 있는 가장 강력한 돌이지.

이 두 개의 돌은 아직까지 모습을 드러낸 적이 없었다. 그러나 결국 이 돌들이 불불단의 손에 들어간 것 같구나.

지금 계절이 멈추고 낮과 밤이 뒤바뀐 것은 누군가 중력의 돌을 나쁜 목적으로 사용하고 있기 때문이다.

너의 스승 코털도사가 납치된 것도 이 기력의 돌과 관련이 있다.

오공아, 악당들의 손에서 신비의 돌을 되찾지 않으면 세상은 불행으로 가득 차게 될 것이다.

윽, 나쁜 놈들! 도사님, 놈들이 있는 곳이 어디죠?

여러 가지로 미루어 볼 때, 악마의 섬이 가장 유력(有力)하다.

작전지도

오공아, 세상의 앞날이 네 손에 달려 있다. 자, 이것을 가져 가거라.

기다려라, 불불단! 손오공이 갈 테니!

중력(重力), 유력(有力)

임금이 점찍어 주니! 주인 주 主!

主
有
氣
重
活
動
力

主
훈 주인 음 주

`、 부수 (점주 부수)`

왕(王)으로서 내 일찍이 너를 '주인 주' 자로 점찍었느니라.

콕!

主

🐢 필순에 따라 써 보세요.

`총 5 획`

主 主 主 主 主

필순

主
주인 주

主	主
주인 주	주인 주
主	主
주인 주	주인 주

主	主	主	主
主	主	主	主

👀 이렇게 쓰여요.

主人
주 인

`8급`
主人
주인 주 사람 인

주인: 물건의 임자. 집안이나 단체 따위를 책임감을 가지고 이끄는 사람. "운동장에서 시계를 주워 주인을 찾아 주었다."

民主
민 주

`8급`
民主
백성 민 주인 주

민주: 주권이 국민에게 있음. "대한민국은 민주주의 국가다."

하필이면 네가 나의 주인일 게 뭐야!

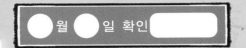
처마 밑에 달 있으니! 있을 유 有!

有
훈 있을 음 유

月부수 (달월 부수)

와! 처마 밑에 달(月)이 있네!

有 속의 月은 원래 肉(고기 육)이지만, 부수로는 달월 부수야!

主有氣重活動力

😀 **필순에 따라 써 보세요.**

총 6획

丿 ナ 冇 冇 有 有

필순

有
있을 유

😑 **이렇게 쓰여요.**

共	有
공	유

6급	
共	有
함께 공	있을 유

공유: 여럿이 공동으로 가짐. "교실은 모든 학생이 공유하는 곳이므로 깨끗이 써야 한다."

有	利
유	리

	6급
有	利
있을 유	이로울 리

유리: 이익이 있음. "네가 나보다 키가 크니까 네가 더 유리해."

어디 있나 했더니만, 여기 있었구나!

101

쌀밥 먹으니 기운이 나서! 기운 기 氣!

主
有
氣
重
活
動
力

훈 기운 음 기

기 부수 (기운기 부수)

氣 자 속에 있는
米는 '쌀 미' 자야.
밥을 맛있게
잘 먹으면 기운이 나!

😠 필순에 따라 써 보세요.

총 10획

氣 氣 氣 气 氣 氣 氣 氣 氣 氣

필순

기운 기

氣	氣
기운 기	기운 기
氣	氣
기운 기	기운 기

氣	氣	氣	氣
氣	氣	氣	氣

😈 이렇게 쓰여요.

生 氣	8급 生 氣
생 기	날 생 기운 기

생기: 싱싱하고 힘찬 기운. "아들이 떠나
자, 아주머니는 생기를 잃었다."

大 氣	8급 大 氣
대 기	큰 대 기운 기

대기: 공기. "자동차와 에어컨은 대기 오
염의 주범이다."

기운 내!

으음.

마을 리에 일천 천은 무거워서! 무거울 중 重!

월 ● 일 확인

훈 무거울 음 중

里부수 (마을리 부수)

어휴, 무거워!
일백도 아니고
일천(千)씩이나 되니
무거울 수밖에!

主
有
氣
重
活
動
力

🐷 필순에 따라 써 보세요.

총 9획

重 重 重 重 重 重 重 重 重

무거울 중

😛 이렇게 쓰여요.

重 大
중 대

8급
重 大
무거울 중 큰 대

중대: 매우 중요하고 큼. "그는 중대한 임무를 띠고 비행기에 올랐다."

輕 重
경 중

5급
輕 重
가벼울 경 무거울 중

경중: 가벼움과 무거움. 가볍거나 무거운 정도. "바쁠 때에는 일의 경중을 따져서 중요한 것부터 해라."

우아~

무거워!

무거울 중
마법 때문에 가라
앉고 있어!

103

혀가 살아서 침 튀기니! 살 활 活!

主有氣重活動力

훈 살 음 활

氵부수 (삼수변 부수)

어휴, 시끄러워!
쉴 새 없이 혀〔舌〕를
놀리니 침이
사방으로 튀잖아.

필순에 따라 써 보세요.

총 9획

活活活活活活活活活

필순

活

살 활

活 活
活 活
活 活 活 活
活 活 活 活

이렇게 쓰여요.

生活 생 활

生 活 날생 살활 8급

생활: 활동하며 살아감. "그는 생활이 어려워졌어도 계속해서 남을 도왔다."

活路 활 로

活 路 살활 길로 6급

활로: 어려움을 헤치고 살아 나갈 수 있는 길. "그는 모든 도움이 끊기자, 혼자 힘으로 활로를 찾아야 했다."

살아나라! 살 활!

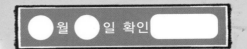

무거울 중을 힘으로 움직이니! 움직일 동 動!

훈 움직일 음 동

力부수 (힘력 부수)

영치기 영차!
무거울 중을
움직이려니
정말 힘들구나!

 필순에 따라 써 보세요.

총 11획

動 動 肀 肀 肀 肀 重 重 重 動 動

필순

움직일 동

 이렇게 쓰여요.

生 動   生[8급] 動
생 동   날 생 움직일 동

생동: 생기 있게 살아 움직임. "그림 속의 물고기가 생동하는 것 같지 않습니까?"

行 動   行[6급] 動
행 동   다닐 행 움직일 동

행동: 몸을 움직임. "할아버지 앞에서는 늘 행동을 바르게 해야 했다."

움직여라!
움직일 동!

팔뚝에 근육이 불끈! 힘 력 力!

主
有
氣
重
活
動
力

훈 힘 음 력(역)

力부수 (힘력 부수)

팔뚝에 근육이
불끈불끈해!
힘자랑 좀 해 볼까?

필순에 따라 써 보세요.

총 2획

力 力

필순

②
1

힘 력

力	力
힘 력	힘 력
力	力
힘 력	힘 력

力	力	力	力
力	力	力	力

이렇게 쓰여요.

學力
학 력

8급
學力
배울 학 힘력

학력: 학교에서 교육을 받아 익힌 지식이
나 기술 등의 능력. "기초 학력을 잘 쌓아
야 한다."

水力
수 력

8급
水力
물수 힘력

수력: 물의 힘. "수력 발전소에서는 높은
데서 낮은 데로 떨어지는 물의 힘을 이용
하여 전기를 만든다."

세져라!

힘 력!

106

주력
主力
주인주 힘력

主力 主力 主力 主力
主力 主力 主力 主力

주력 : 중심이 되는 힘.

유력
有力
있을유 힘력

有力 有力 有力 有力
有力 有力 有力 有力

유력 : 힘이 있음. 세력이 있음.

기력
氣力
기운기 힘력

氣力 氣力 氣力 氣力
氣力 氣力 氣力 氣力

기력 : 사람이 활동할 수 있는 정신과 육체의 힘.

중력
重力
무거울중 힘력

重力 重力 重力 重力
重力 重力 重力 重力

중력 : 지구 위의 물체를 지구 중심 쪽으로 끌어당기는 힘.

활력

活力
살 활   힘 력

活力 活力 活力 活力
活力 活力 活力 活力

활력 : 살아 움직이는 힘.

동력

動力
움직일 동   힘 력

動力 動力 動力 動力
動力 動力 動力 動力

동력 : 움직이게 하는 힘. 기계를 움직이는 힘.

활동

活動
살 활   움직일 동

活動 活動 活動 活動
活動 活動 活動 活動

활동 : 몸을 움직임. 어떤 일을 이루기 위해 애씀.

활기

活氣
살 활   기운 기

活氣 活氣 活氣 活氣
活氣 活氣 活氣 活氣

활기 : 살아 있는 기운. 활발한 기운.

자력

7급-2 12쪽

自力
스스로 자 힘 력

自力　自力　自力　自力

自力　自力　自力　自力

자력 : 스스로의 힘. 자기 혼자의 힘.

심기

7급-2 53쪽

心氣
마음 심 기운 기

心氣　心氣　心氣　心氣

心氣　心氣　心氣　心氣

심기 : 마음으로 느끼는 기분.

전력

7급-2 33쪽

全力
온전 전 힘 력

全力　全力　全力　全力

全力　全力　全力　全力

전력 : 가지고 있는 모든 힘. 온 힘.

전력

7급-2 64쪽

電力
번개 전 힘 력

電力　電力　電力　電力

電力　電力　電力　電力

전력 : 전기의 힘.

1 다음 글을 읽고, 한자로 된 낱말의 음을 한글로 쓰세요.

(1) 아침 운동으로 活力을 되찾았습니다.

(2) 십 년 만의 우승을 위해 모든 선수가 全力을 다했습니다.

전 □

(3) 봉사 活動을 하고 나니 마음이 뿌듯했습니다.

(4) 氣力을 잃은 상태라 잘 먹는 것이 중요합니다.

(5) 이번 태권도 대회에서 창수는 有力한 우승 후보입니다.

(6) 이번 시험에서는 수학 점수를 올리는 데 主力했습니다.

(7) 이번 경기에 비기기만 해도 自力으로 월드컵 본선에
나가게 됩니다.

자 □

으악,
떨어진다,
떨어져!

(8) 나무 위의 사과가 아래로 떨어지는 것은 重力 때문입니다.

2 다음 한자의 훈(訓: 뜻)과 음(音: 소리)을 쓰세요.

(1) 重 (   )   (2) 力 (   )

(3) 有 (   )   (4) 主 (   )

(5) 活 (   )   (6) 氣 (   )

(7) 動 (   )

3 다음 음과 뜻에 맞는 한자를 보기 에서 골라 그 번호를 쓰세요.

보기

①活 ②動 ③力 ④主 ⑤氣 ⑥重 ⑦有

(1) 힘 력   (   )   (2) 살 활   (   )

(3) 주인 주 (   )   (4) 기운 기   (   )

(5) 있을 유 (   )   (6) 움직일 동 (   )

(7) 무거울 중 (   )

4 다음 밑줄 친 한자어를 보기 에서 골라 그 번호를 쓰세요.

보기

①有利 ②活氣

(1) 우리 가족은 <u>활기</u>차고 즐겁습니다.   (   )

(2) 이 문제는 한자를 잘 아는 사람에게 <u>유리</u>합니다.   (   )

5 다음 글에서 밑줄 친 글자를 한자로 쓰세요.

> 주인님의 병은 유명한 의사들도 고칠 수가 없었습니다. 그런데 신기하게도 신비의 샘물을 마시고 난 뒤로는 조금씩 기력을 되찾으셨습니다. 그리고 나서 몇 달 뒤에는 활동하는 데 지장이 없을 정도로 건강해지셨습니다.

(1) 주 : ☐   (2) 유 : ☐   (3) 기 : ☐

(4) 력 : ☐   (5) 활 : ☐   (6) 동 : ☐

6 다음 중에서 필순(筆順 : 쓰는 순서)이 올바른 것은?

① ㉠—㉡—㉢—㉣—㉤
② ㉠—㉡—㉢—㉤—㉣
③ ㉡—㉢—㉣—㉤—㉠
④ ㉡—㉢—㉤—㉣—㉠

7 다음 한자에서 ㉠획은 몇 번째 획일까요?

① 첫 번째
② 두 번째
③ 세 번째
④ 네 번째

'힘'이 들어가는 말은 아주 많아.
주력, 유력, 기력, 활력, 동력, 전력, 인력, 학력…

112

주의해야 할 7급 한자

아래 한자들은 잘못 쓰면 다른 한자가 되므로 조심해야 합니다.
하지만, 잘 기억하면 덤으로 7급 한자 외에 글자 세 자를 더 알 수 있지요.

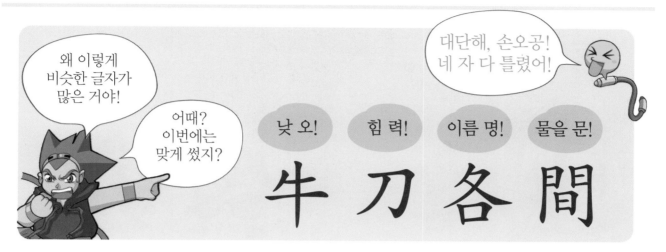

午 낮 오 와 牛 소 우 (5급)

글자 꼭대기에 뿔이 없으면 낮 오!
뿔이 있으면 소 우!

力 힘 력 과 刀 칼 도 (3급)

꼭지가 있으면 힘 력!
꼭지를 칼로 잘라 내면 칼 도!

名 이름 명 과 各 각각 각 (6급)

셋째 획이 점이면 이름 명!
오른쪽으로 길게 내려오면 각각 각!

問 물을 문 과 間 사이 간 (7급-2 72쪽)

문(門) 안에 입〔口〕이 있으면 물을 문!
해〔日〕가 있으면 사이 간!

ffsa

한자 수학 : 글자 + 글자

夕 저녁 석 + 夕 저녁 석 = 多 많을 다 (6급)

저녁에는 별이 많아서 많을 다! 원래는 '저녁 석'과 관계 없는 글자지만, '저녁 석'과 관련시켜서 기억하세요.

立 설 립 + 立 설 립 = 竝 나란할(아우를) 병 (3급)

둘이 나란히 서 있으니까 나란할 병입니다. 나란히 선 것을 병립(竝立)이라고 하는데, 이 한자어에는 '立' 자가 세 개나 들어 있어요.

立 설 립 + 里 마을 리 = 童 아이 동 (6급)

마을에 서 있으니 아이들이겠지요. 어느 마을에나 제일 먼저 눈에 띄는 것은 뛰어 노는 동네 아이들이랍니다.

口 입 구 + 口口 입 구 2개 = 品 물건 품 (5급)

여러 사람이 물건을 가지고 이러쿵저러쿵 얘기하니 입이 세 개예요. 品에는 물건의 등급을 정한다는 뜻도 있어요.

한자 수학 : 글자 + 글자

女 ^{8급}
계집 녀

+

子
아들 자

=

好 ^{4급}
좋을 호

여자와 남자가 나란히 서 있으니 서로 좋아하는 것이겠지요.

川
내 천

+

火
불 화

=

災 ^{5급}
재앙 재

수재(水災), 화재(火災)라고 할 때의 '재'입니다. 災에는 물로 인한 재앙과 불로 인한 재앙이 모두 들어 있어요.

心
마음 심

+

ノ
삐침

=

必 ^{5급}
반드시 필

반드시 마음에 새겨라! 원래는 '마음 심'과는 관계가 없는 글자지만, 이렇게 '마음 심'과 묶어서 기억하세요.

十
열 십

+

힘 력 3개

=

協 ^{4급}
협력할 협

열 사람이 힘을 합치니 협력할 협!

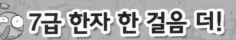 **7급 한자 한 걸음 더!**

한자의 부수 : 한자의 부수는 그 글자의 뜻과 관계가 깊습니다.

• 雨가 부수인 한자는 날씨와 관계가 깊습니다.

 비 우 번개 전

• 水가 부수인 한자는 물과 관계가 깊습니다.
*모양이 변하는 부수 水 = 氵

 물 수  바다 해 / 강 강

• 艹가 부수인 한자는 풀과 관계가 깊습니다.

 초두머리  풀 초 / 꽃 화

• 木이 부수인 한자는 나무와 관계가 깊습니다.

 나무 목  수풀 림 / 심을 식 / 마을 촌

• 言이 부수인 한자는 말하는 것과 관계가 깊습니다.

 말씀 언  말씀 어 / 말씀 화

• 力이 부수인 한자는 힘과 관계가 깊습니다.

 힘 력  사내 남 / 움직일 동

• 口가 부수인 한자는 입과 관계가 깊습니다.

 입 구 물을 문

7급 한자 한 걸음 더!

서로 바꾸어 쓰기 쉬운 한자

小
작을 소
小心 소심

少
적을/젊을 소
少年 소년

틀리기 쉬우니까 주의해야 해.

모양이 비슷한 한자

百
일백 백

白
흰 백

九
아홉 구

力
힘 력

問
물을 문

間
사이 간

老
늙을 로

孝
효도 효

天
하늘 천

夫
지아비 부

字
글자 자

安
편안 안

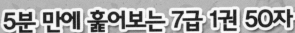

7급 1권 한자들을 복습해 보자!

춘하추동 오석으로 매시 동시에!

春夏秋冬午夕每同時

춘 하 추 동 오 석 매 동 시

출입구 직립해서 정평방면!

出入口直立正平方面

출 입 구 직 립 정 평 방 면

산수 어문 뭐가 좋아? 한자로 문답!

算數語文漢字問答

산 수 어 문 한 자 문 답

주소 성명 동리읍시 빼놓지 말자!

住所姓名洞里邑市

주 소 성 명 동 리 읍 시

주유기중활동에 력만 붙여 봐!

主有氣重活動力

주 유 기 중 활 동 력

농촌엔 식물 화초! 나무 키워 육림!

農村植物花草育林

농 촌 식 물 화 초 육 림

7급 낱말 총정리

이 책에 등장하는, 7급 한자로만 이루어진 낱말들입니다.
시험에 나왔다 생각하고 이 낱말들을 읽어 보세요. (❷는 7급-2권의 한자가 포함된 낱말입니다.)

낱말	쪽	낱말	쪽	낱말	쪽
家出❷	39	不問❷	56	電力❷	109
江村❷	91	算出	55	正答	55
口語	55	上午❷	14	正午	20
氣力	107	姓名	73	正直	37
農家❷	82	所有	74	主力	107
農林	89	數千❷	56	住所	73
農夫❷	92	數字	54	重力	107
農事❷	92	時間❷	21	地面❷	38
農場❷	92	市立	74	直立	37
農村	90	市場❷	75	草家❷	92
洞口	68	植物	90	秋夕	19
同氣	20	心氣❷	109	春秋	19
動力	108	語文	54	春夏秋冬	19
洞里	73	午前❷	21	出動	38
動物	91	午後❷	14	出入	37
同姓	66	有力	107	出入口	37
同時	20	有名	74	平面	38
每事❷	21	育林	90	下午❷	21
每時	19	邑內❷	75	漢字	54
命名	73	入場❷	39	海物❷	91
名所	74	立場❷	39	海草❷	91
問答	54	立春	20	花草	90
文字	55	自力❷	109	活氣	108
方面	38	自然數❷	56	活動	108
百方❷	39	場所❷	75	活力	108
百姓❷	75	全力❷	109		

해답 **실력향상문제 해답**

실력향상문제 제1회

1️⃣ (1) 추석 (2) 춘하추동 (3) 동시
　(4) 입춘 (5) 동 (6) 오 (7) 매 (8) 춘추

2️⃣ (1) 저녁 석 (2) 한가지 동 (3) 가을 추 (4) 겨울 동
　(5) 매양 매 (6) 봄 춘 (7) 때 시 (8) 여름 하

3️⃣ (1)② (2)③ (3)⑥ (4)⑤ (5)⑦ (6)④ (7)⑧ (8)①

4️⃣ (1)③ (2)①, ②

5️⃣ (1)秋 (2)夕 (3)每 (4)午 (5)時

6️⃣ ③

7️⃣ ③

실력향상문제 제2회

1️⃣ (1) 입구 (2) 직립 (3) 정직 (4) 출입
　(5) 입 (6) 출 (7) 방 (8) 방면

2️⃣ (1) 바를 정 (2) 입 구 (3) 곧을 직 (4) 날 출
　(5) 모 방 (6) 얼굴 면 (7) 설 립 (8) 평평할 평

3️⃣ (1)正 (2)面 (3)方 (4)出 (5)入 (6)口

4️⃣ (1)① (2)⑤

5️⃣ (1) 평면 (2) 입구

6️⃣ ①

7️⃣ ②

실력향상문제 제3회

1️⃣ (1) 문자 (2) 문답 (3) 정답 (4) 국어
　(5) 문학 (6) 수학 (7) 수 (8) 한자

2️⃣ (1) 한나라 한 (2) 말씀 어 (3) 글월 문 (4) 물을 문
　(5) 글자 자 (6) 대답할 답 (7) 셈할 수 (8) 셈할 산

3️⃣ ③

4️⃣ ①

5️⃣ (1)③ (2)④

6️⃣ (1)數 (2)算 (3)文 (4)問 (5)答 (6)字

7️⃣ ④

실력향상문제 제4회

1️⃣ (1) 주소 (2) 성명 (3) 명소 (4) 시립
　(5) 명 (6) 시 (7) 읍 (8) 명명

2️⃣ (1) 마을 동 (2) 바(곳) 소 (3) 이름 명 (4) 살 주
　(5) 저자 시 (6) 마을 리 (7) 목숨 명 (8) 고을 읍

3️⃣ (1)④ (2)② (3)① (4)⑥ (5)⑨ (6)⑦ (7)③ (8)⑧ (9)⑤

4️⃣ (1)⑥ (2)⑧ (3)⑦

5️⃣ (1)住 (2)所 (3)市 (4)邑 (5)里 (6)洞

6️⃣ ②

7️⃣ ③

실력향상문제 제5회

1️⃣ (1) 농촌 (2) 식물 (3) 화초 (4) 산림
　(5) 식목일 (6) 교육 (7) 초목 (8) 동물

2️⃣ (1) 농사 농 (2) 풀 초 (3) 물건 물 (4) 꽃 화
　(5) 마을 촌 (6) 수풀 림 (7) 심을 식 (8) 기를 육

3️⃣ (1)① (2)④

4️⃣ (1)③ (2)① (3)⑤

5️⃣ (1)農 (2)村 (3)植 (4)物 (5)花 (6)草

6️⃣ ④

7️⃣ ③

실력향상문제 제6회

1️⃣ (1) 활력 (2) 력 (3) 활동 (4) 기력
　(5) 유력 (6) 주력 (7) 력 (8) 중력

2️⃣ (1) 무거울 중 (2) 힘 력 (3) 있을 유 (4) 주인 주
　(5) 살 활 (6) 기운 기 (7) 움직일 동

3️⃣ (1)③ (2)① (3)④ (4)⑤ (5)⑦ (6)② (7)⑥

4️⃣ (1)② (2)①

5️⃣ (1)主 (2)有 (3)氣 (4)力 (5)活 (6)動

6️⃣ ②

7️⃣ ①

모의 한자능력 검정시험 제1회

(1) 출입
(2) 직립
(3) 방면
(4) 어문
(5) 정답
(6) 성명
(7) 유력
(8) 교육
(9) 농촌
(10) 동물
(11) 생기
(12) 중대
(13) 출국
(14) 인구
(15) 수학
(16) 명산
(17) 시민
(18) 수력
(19) 식목
(20) 생화
(21) 학
(22) 매
(23) 일
(24) 정
(25) 오
(26) 시
(27) 립
(28) 동
(29) 동
(30) 시
(31) 입
(32) 구
(33) 여름 하
(34) 낮 오
(35) 입 구
(36) 설 립
(37) 무거울 중
(38) 수풀 림
(39) 마을 리
(40) 마을 촌
(41) 물건 물
(42) 저자 시
(43) 가을 추
(44) 셈할 산
(45) 매양 매
(46) 기운 기
(47) 물을 문
(48) 이름 명
(49) 고을 읍
(50) 글월 문
(51) 꽃 화
(52) 날 출
(53) 들 입
(54) 대답할 답
(55) ④
(56) ⑧
(57) ⑤
(58) ⑦
(59) ②
(60) ⑥
(61) ①
(62) ③
(63) 산에 들어감
(64) 풀과 나무
(65) ⑥
(66) ④
(67) ②
(68) ⑦
(69) ④
(70) ①

모의 한자능력 검정시험 제2회

(1) 추석
(2) 문자
(3) 활기
(4) 출동
(5) 시간
(6) 정직
(7) 동리
(8) 주력
(9) 입춘
(10) 식물
(11) 동성
(12) 출생
(13) 민주
(14) 국화
(15) 인명
(16) 농민
(17) 생활
(18) 동력
(19) 명소
(20) 수학
(21) 춘
(22) 삼
(23) 월
(24) 산
(25) 화
(26) 초
(27) 동
(28) 물
(29) 농
(30) 촌
(31) 활
(32) 력
(33) 살 주
(34) 있을 유
(35) 저자 시
(36) 풀 초
(37) 힘 력
(38) 움직일 동
(39) 성 성
(40) 겨울 동
(41) 고을 읍
(42) 수풀 림
(43) 때 시
(44) 기운 기
(45) 한가지 동
(46) 힘 력
(47) 모 방
(48) 마을 촌
(49) 얼굴 면
(50) 평평할 평
(51) 글월 문
(52) 셈할 수
(53) 바를 정
(54) 마을 리
(55) ⑦
(56) ①
(57) ⑧
(58) ⑤
(59) ②
(60) ⑥
(61) ③
(62) ④
(63) 질문과 대답
(64) 물의 힘
(65) ②
(66) ⑧
(67) ③
(68) ⑧
(69) ③
(70) ④

모의 한자능력 검정시험 제3회

(1) 주소
(2) 평일
(3) 생동
(4) 매시
(5) 소유
(6) 평면
(7) 중력
(8) 산출
(9) 주인
(10) 정오
(11) 입구
(12) 유명
(13) 활동
(14) 생명
(15) 동문
(16) 화초
(17) 기력
(18) 학력
(19) 산촌
(20) 주민
(21) 수
(22) 학
(23) 산
(24) 외
(25) 국
(26) 어
(27) 문
(28) 답
(29) 백
(30) 공
(31) 육
(32) 동
(33) 봄 춘
(34) 꽃 화
(35) 기를 육
(36) 곧을 직
(37) 농사 농
(38) 마을 동
(39) 주인 주
(40) 한가지 동
(41) 목숨 명
(42) 살 활
(43) 말씀 어
(44) 때 시
(45) 저녁 석
(46) 기운 기
(47) 심을 식
(48) 있을 유
(49) 무거울 중
(50) 바(곳) 소
(51) 한나라 한
(52) 셈할 산
(53) 고을 읍
(54) 움직일 동
(55) ④
(56) ⑦
(57) ③
(58) ①
(59) ⑧
(60) ②
(61) ⑥
(62) ⑤
(63) 성과 이름
(64) 들어가는 통로
(65) ②
(66) ⑥
(67) ⑦
(68) ①
(69) ②
(70) ③

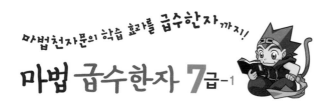

마법천자문의 학습 효과를 급수한자까지!

마법 급수한자 7급-1

1판 1쇄 발행 2008년 8월 29일
개정 3판 4쇄 발행 2024년 4월 16일

펴낸이 김영곤
마천사업본부 이사 은지영
기획개발 조영진 김혜영 양수안
아동마케팅영업 본부장 변유경
아동마케팅1팀 김영남 정성은 손용우 최윤아 송혜수　**아동마케팅2팀** 황혜선 이규림 이주은
아동영업팀 강경남 김규희 양슬기
제작 관리 이영민 권경민

펴낸곳 ㈜북이십일 아울북
출판등록 2000년 5월 6일 제406-2003-061호
주소 (우10881) 경기도 파주시 회동길 201(문발동)
전화 031-955-2100(영업·독자문의) 031-955-2128(기획개발)
브랜드사업문의 license21@book21.co.kr
팩스 031-955-2177

ISBN 978-89-509-4248-9
가격은 책 뒤표지에 있습니다.

• 제조자명 : ㈜북이십일
• 주소 및 전화번호 : 경기도 파주시 회동길 201(문발동) / 031-955-2100
• 제조연월 : 2024.4.16
• 제조국명 : 대한민국
• 사용연령 : 3세 이상 어린이 제품

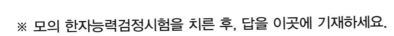

※ 모의 한자능력검정시험을 치른 후, 답을 이곳에 기재하세요.

수험번호 □□□ - □□ - □□□□   성명 □□□□□
주민등록번호 □□□□□□ - □□□□□□□   ※유성 사인펜, 붉은색 필기구 사용 불가.

*답안지는 컴퓨터로 처리되므로 구기거나 더럽히지 마시고, 정답 칸 안에만 쓰십시오.
 글씨가 채점란으로 들어오면 오답처리가 됩니다.

제1회 한자능력검정시험 7급 답안지(1)

번호	정 답	1검	2검	번호	정 답	1검	2검	번호	정 답	1검	2검
	답안란	채점란			답안란	채점란			답안란	채점란	
1				13				25			
2				14				26			
3				15				27			
4				16				28			
5				17				29			
6				18				30			
7				19				31			
8				20				32			
9				21				33			
10				22				34			
11				23				35			
12				24				36			

감독위원	채점위원(1)		채점위원(2)		채점위원(3)	
(서명)	(득점)	(서명)	(득점)	(서명)	(득점)	(서명)

제1회 한자능력검정시험 7급 답안지(2)

번호	정 답	1검	2검	번호	정 답	1검	2검	번호	정 답	1검	2검
	답안란	채점란			답안란	채점란			답안란	채점란	
37				49				61			
38				50				62			
39				51				63			
40				52				64			
41				53				65			
42				54				66			
43				55				67			
44				56				68			
45				57				69			
46				58				70			
47				59							
48				60							

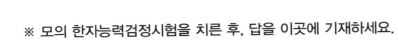

※ 모의 한자능력검정시험을 치른 후, 답을 이곳에 기재하세요.

수험번호 □□□-□□-□□□□□   성명 □□□□□
주민등록번호 □□□□□□-□□□□□□□   ※유성 사인펜, 붉은색 필기구 사용 불가.

*답안지는 컴퓨터로 처리되므로 구기거나 더럽히지 마시고, 정답 칸 안에만 쓰십시오.
 글씨가 채점란으로 들어오면 오답처리가 됩니다.

제2회 한자능력검정시험 7급 답안지(1)

번호	정 답	1검	2검	번호	정 답	1검	2검	번호	정 답	1검	2검
	답안란	채점란			답안란	채점란			답안란	채점란	
1				13				25			
2				14				26			
3				15				27			
4				16				28			
5				17				29			
6				18				30			
7				19				31			
8				20				32			
9				21				33			
10				22				34			
11				23				35			
12				24				36			

감독위원	채점위원(1)		채점위원(2)		채점위원(3)	
(서명)	(득점)	(서명)	(득점)	(서명)	(득점)	(서명)

제2회 한자능력검정시험 7급 답안지(2)

번호	정 답	1검	2검	번호	정 답	1검	2검	번호	정 답	1검	2검
37				49				61			
38				50				62			
39				51				63			
40				52				64			
41				53				65			
42				54				66			
43				55				67			
44				56				68			
45				57				69			
46				58				70			
47				59							
48				60							

답안란 · 채점란

※ 모의 한자능력검정시험을 치른 후, 답을 이곳에 기재하세요.

수험번호 □□□-□□-□□□□　　성명 □□□□□

주민등록번호 □□□□□□-□□□□□□□

*유성 사인펜, 붉은색 필기구 사용 불가.

*답안지는 컴퓨터로 처리되므로 구기거나 더럽히지 마시고, 정답 칸 안에만 쓰십시오.
　글씨가 채점란으로 들어오면 오답처리가 됩니다.

제3회 한자능력검정시험 7급 답안지(1)

번호	정 답	1검	2검	번호	정 답	1검	2검	번호	정 답	1검	2검
	답안란	채점란			답안란	채점란			답안란	채점란	
1				13				25			
2				14				26			
3				15				27			
4				16				28			
5				17				29			
6				18				30			
7				19				31			
8				20				32			
9				21				33			
10				22				34			
11				23				35			
12				24				36			

감독위원	채점위원(1)		채점위원(2)		채점위원(3)	
(서명)	(득점)	(서명)	(득점)	(서명)	(득점)	(서명)

* 본 답안지는 컴퓨터로 처리되므로 구기거나 더럽혀지지 않도록 조심하시고 글씨를 칸 안에 또박또박 쓰십시오.

제3회 한자능력검정시험 7급 답안지(2)

번호	정답	1검	2검	번호	정답	1검	2검	번호	정답	1검	2검
37				49				61			
38				50				62			
39				51				63			
40				52				64			
41				53				65			
42				54				66			
43				55				67			
44				56				68			
45				57				69			
46				58				70			
47				59							
48				60							

모의 한자능력검정시험

한자능력검정시험 대비

7급

부록

※ 〈7급-1 마법급수한자〉를 모두 공부한 다음에
기위로 잘라서 모의고사를 치르게 하십시오.

第1回 漢字能力檢定試驗 7級 問題紙

(시험 시간 : 50분)

※ 문제지는 답안지와 함께 제출하세요.

1 다음 한자로 된 낱말들의 독음(讀音)을 적으세요. (1~20)

〈보기〉
漢字 → 한자

(1) 出入
(2) 直立
(3) 方面
(4) 語文
(5) 正答
(6) 姓名
(7) 有力
(8) 教育
(9) 農村
(10) 動物
(11) 生氣
(12) 重大
(13) 出國
(14) 入口
(15) 數學
(16) 名山
(17) 市民
(18) 水力

3 다음 한자(漢字)의 훈(訓)과 음(音)을 적으세요. (33~54)

〈보기〉
人 → 사람 인

(33) 夏
(34) 午
(35) 口
(36) 立
(37) 重
(38) 林
(39) 里
(40) 村
(41) 物
(42) 市
(43) 秋
(44) 算
(45) 每
(46) 氣
(47) 間
(48) 名
(49) 邑
(50) 文

⑤ 다음 한자어(漢字語)의 뜻을 쓰세요.
(63~64)

(63) 入山

(64) 草木

⑥ 다음 빈칸에 알맞은 한자(漢字)를 〈보기〉
에서 골라 그 번호를 쓰세요. (65~66)

〈보기〉

① 育　② 名　③ 平　④ 正
⑤ 主　⑥ 植　⑦ 活　⑧ 動

(65) (　)木日 : 나무를 심는 날.

(66) (　)直 : 거짓이 없이 바르고 곧음.

⑧ 다음 물음에 답하세요. (69~70)

(69) 다음 한자(漢字)에서 ㉠으로 표시된
획은 몇 번째 획일까요?

① 첫 번째
② 두 번째
③ 세 번째
④ 네 번째

(70) 다음 한자(漢字)의 필순이 올바른
것은 어느 것일까요?

第2回 漢字能力檢定試驗 7級 問題紙

(시험 시간 : 50분)

※ 문제지는 답안지와 함께 제출하세요.

1 다음 한자로 된 낱말들의 독음(讀音)을 적으세요. (1~20)

〈보기〉

漢字 → 한자

(1) 秋夕　　(2) 文字

(3) 活氣　　(4) 出動

(5) 時間　　(6) 正直

(7) 洞里　　(8) 主力

(9) 立春　　(10) 植物

(11) 同姓　　(12) 出生

(13) 民主　　(14) 國花

(15) 人命　　(16) 農民

(17) 生活　　(18) 動力

3 다음 한자(漢字)의 훈(訓)과 음(音)을 적으세요. (33~54)

〈보기〉

人 → 사람 인

(33) 住　　(34) 有

(35) 市　　(36) 草

(37) 力　　(38) 動

(39) 姓　　(40) 冬

(41) 邑　　(42) 林

(43) 時　　(44) 氣

(45) 同　　(46) 力

(47) 方　　(48) 村

(49) 面　　(50) 不

5 다음 한자어(漢字語)의 뜻을 쓰세요. (63~64)

(63) 問答

(64) 水力

6 다음 빈칸에 알맞은 한자(漢字)를 〈보기〉에서 골라 그 번호를 쓰세요. (65~66)

〈보기〉

① 物   ② 名   ③ 命   ④ 文
⑤ 面   ⑥ 草   ⑦ 洞   ⑧ 東

(65) (   )所 : 이름이 널리 알려진 곳.

(66) (   )問西答 : 질문과는 전혀 상관
없는 엉뚱한 대답.

8 다음 물음에 답하세요. (69~70)

(69) 다음 한자(漢字)에서 ㉠으로 표시된
획은 몇 번째 획일까요?

① 첫 번째
② 두 번째
③ 세 번째
④ 네 번째

(70) 다음 한자(漢字)의 필순이 올바른
것은 어느 것일까요?

第3回 漢字能力檢定試驗 7級 問題紙

(시험 시간 : 50분)

※ 문제지는 답안지와 함께 제출하세요.

1 다음 한자로 된 낱말들의 독음(讀音)을 적으세요. (1~20)

> <보기>
> 漢字 → 한자

(1) 住所　　　　(2) 平日
(3) 生動　　　　(4) 每時
(5) 所有　　　　(6) 平面
(7) 重力　　　　(8) 算出
(9) 主人　　　　(10) 正午
(11) 入口　　　　(12) 有名
(13) 活動　　　　(14) 生命
(15) 同門　　　　(16) 花草
(17) 氣力　　　　(18) 學力

3 다음 한자(漢字)의 훈(訓)과 음(音)을 적으세요. (33~54)

> <보기>
> 人 → 사람 인

(33) 春　　　　(34) 花
(35) 育　　　　(36) 直
(37) 農　　　　(38) 洞
(39) 主　　　　(40) 同
(41) 命　　　　(42) 活
(43) 語　　　　(44) 時
(45) 夕　　　　(46) 氣
(47) 植　　　　(48) 有
(49) 重　　　　(50) 所

5 다음 한자어(漢字語)의 뜻을 쓰세요.
(63~64)

(63) 姓名

(64) 人口

6 다음 빈칸에 알맞은 한자(漢字)를 〈보기〉에서 골라 그 번호를 쓰세요. (65~66)

〈보기〉

① 動　② 秋　③ 花　④ 植
⑤ 夏　⑥ 物　⑦ 春　⑧ 午

(65) ( )夕 : 우리나라 명절의 하나.
음력 8월 15일.

(66) 生( ) : 살아 있는 것.

8 다음 물음에 답하세요. (69~70)

(69) 다음 한자(漢字)에서 ㉠으로 표시된
획은 몇 번째 획일까요?

① 다섯 번째
② 여섯 번째
③ 일곱 번째
④ 여덟 번째

(70) 다음 한자(漢字) 가운데 필순이 <u>잘못</u>
된 것은 어느 것일까요?

ノ 느 午

一 下 下 正

丶 亠 广 市

丨 屮 出 出

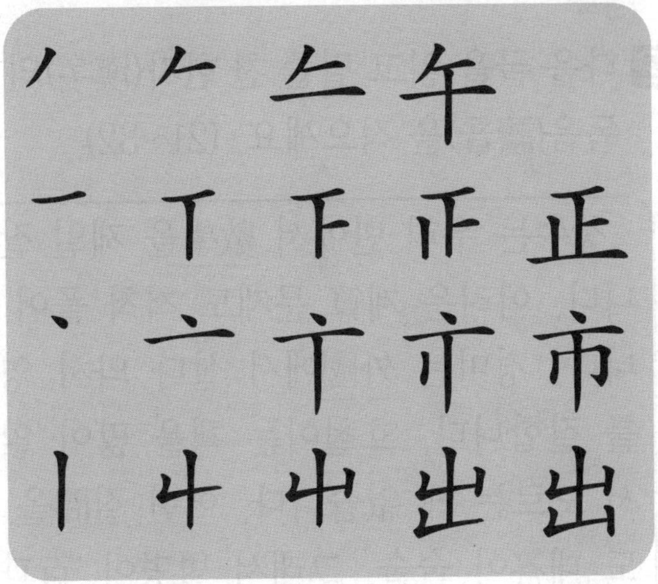

① 午
② 正
③ 市
④ 出

물음, 식물, 미생물 등.

7 다음 한자(漢字)와 상대 또는 반대되는 한자를 〈보기〉에서 골라 그 번호를 쓰세요. (67~68)

─── 〈보기〉 ───

① 夏 ② 門 ③ 夕 ④ 文
⑤ 時 ⑥ 氣 ⑦ 問 ⑧ 出

(67) 答
(68) 冬

(19) 山水　　(20) 住民

2 다음 글을 읽고 밑줄 친 한자(漢字)의 독음(讀音)을 적으세요. (21~32)

청수는 우리 반에서 數學을 제일 잘합니다. 어려운 계算 문제도 척척 풀어 냅니다. 정미는 外國에서 살다 와서 영語를 잘합니다. 호철이는 책을 많이 읽어서 모르는 게 없습니다. 어떤 질問을 해도 대답이 술술. 그래서 별명이 '百과사전'입니다. 나는 工부에는 소질이 없지만 체育만큼은 자신이 있어요. 그래서 나는 運動선수가 되려고 합니다.

(21) 數　　　　(22) 學
(23) 算　　　　(24) 外
(25) 國　　　　(26) 語
(27) 問　　　　(28) 答
(29) 百　　　　(30) 工
(31) 育　　　　(32) 動

(51) 漢　　(52) 算
(53) 邑　　(54) 動

4 다음 뜻에 알맞은 한자(漢字)를 〈보기〉에서 찾아 그 번호를 쓰세요. (55~62)

―――〈보기〉―――
① 有　② 草　③ 不　④ 住
⑤ 文　⑥ 村　⑦ 答　⑧ 面

(55) 살 주
(56) 대답할 답
(57) 평평할 평
(58) 있을 유
(59) 얼굴 면
(60) 풀 초
(61) 마을 촌
(62) 글월 문

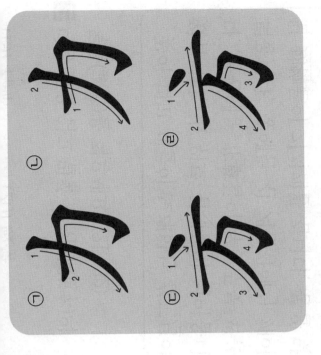

ㄱ ㄴ
ㄷ ㄹ

① ㄱ-ㄷ
② ㄱ-ㄹ
③ ㄴ-ㄷ
④ ㄴ-ㄹ

---

7 다음 한자(漢字)와 상대 또는 반대되는 한자를 〈보기〉에서 골라 그 번호를 쓰세요. (67~68)

〈보기〉
① 午　② 有　③ 秋　④ 氣
⑤ 活　⑥ 答　⑦ 口　⑧ 出

(67) 春
(68) 入

(19) 名所　　　(20) 數學

2 다음 글을 읽고 밑줄 친 한자(漢字)의 독음(讀音)을 적으세요. (21~32)

꽃이 피고 새들이 노래하는 春三月이 왔습니다. 山 위로 철새들이 날아옵니다. 들판에는 花草들이 우뭇우뭇 싹을 틔웁니다. 숲에는 긴 겨울잠에서 깨어난 動物들이 기지개를 켭니다. 봄을 맞는 農村 사람들의 얼굴에는 活力이 가득합니다.

(21) 春 　　　(22) 三
(23) 月 　　　(24) 山
(25) 花 　　　(26) 草
(27) 動 　　　(28) 物
(29) 農 　　　(30) 村
(31) 活 　　　(32) 力

(51) 文　　　(52) 數
(53) 正　　　(54) 里

4 다음 뜻에 알맞은 한자(漢字)를 〈보기〉에서 찾아 그 번호를 쓰세요. (55~62)

〈보기〉
① 市　　② 活　　③ 花　　④ 算
⑤ 所　　⑥ 物　　⑦ 洞　　⑧ 出

(55) 마을 동
(56) 저자 시
(57) 날 출
(58) 바 소
(59) 살 활
(60) 물건 물
(61) 꽃 화
(62) 셈할 산

7 다음 한자(漢字)와 상대 또는 반대되는 한자를 〈보기〉에서 골라 그 번호를 쓰세요. (67~68)

<보기>

①春 ②人 ③口 ④住
⑤命 ⑥所 ⑦答 ⑧力

(67) 出

(68) 問

① ㄴ-ㄱ-ㄷ-ㄹ-ㅁ-ㅂ
② ㄴ-ㄱ-ㄹ-ㄷ-ㅁ-ㅂ
③ ㄱ-ㄴ-ㄷ-ㄹ-ㅁ-ㅂ
④ ㄴ-ㄱ-ㄹ-ㄷ-ㅁ-ㅂ

(19) 個人　　(20) 王化

② 다음 글을 읽고 밑줄 친 한자(漢字)의
독음(讀音)을 적으세요. (21~32)

方學이 시작되었습니다. 친구와 나는
每日 도서관에 가기로 약속했습니다. 오
늘이 그 첫 번째 날입니다. 친구와 나는
正午에 市立 도서관 앞에서 만나기로 했
습니다. 날씨가 무더웠지만, 나는 運動
삼아 걸어서 갔습니다. 친구와 나는 거
의 同時에 도착했습니다. 그런데 도서관
入口는 굳게 잠겨 있었습니다. 오늘은
도서관이 쉬는 날이었습니다.

(21) 學　　　　(22) 每
(23) 日　　　　(24) 正
(25) 午　　　　(26) 市
(27) 立　　　　(28) 動
(29) 同　　　　(30) 時
(31) 入　　　　(32) 口

(51) 花　　(52) 出
(53) 入　　(54) 答

④ 다음 뜻에 알맞은 한자(漢字)를 〈보기〉
에서 찾아 그 번호를 쓰세요. (55~62)

〈보기〉
① 育　② 氣　③ 直　④ 數
⑤ 命　⑥ 面　⑦ 同　⑧ 每

(55) 셈할 수
(56) 메양 매
(57) 목숨 명
(58) 한가지 동
(59) 기운 기
(60) 얼굴 면
(61) 기를 육
(62) 곧을 직

모의 한자능력검정시험을 보기 전에 꼭 읽어 보세요.

1. 모의 한자능력검정시험은 《7급-1 마법급수한자》를 완전히 학습한 후에 실제 시험에 임하는 자세로 치릅니다.

2. 한자능력검정시험 7급은 70문제이고 시험 시간은 50분입니다.

3. 각 문제 1점씩 70점 만점입니다.

4. 답은 실제 시험과 똑같이 이 책에 들어 있는 답안지에만 작성하세요.

5. 답안을 작성할 때에는 꼭 검은색 펜기를 사용하세요.

6. 시험을 치른 후에는 꼭 채점을 하고, 애매한 답은 틀린 답으로 처리하세요.

7. 채점 결과에 따라 아래의 표를 보고 자신의 실력을 평가해 보세요.

등급	정답 수	평가	학습 조언
A	61~70	아주 잘함.	매우 훌륭합니다. 7급 2권으로 들어가세요.
B	56~60	잘함.	비교적 훌륭합니다. 7급 2권으로 들어가세요.
C	51~55	보통.	약간 부족합니다. 틀린 문제 중심으로 복습하세요.
D	50 이하	부족.	아주 부족합니다. 처음부터 복습하세요.

※ 7급 합격 점수는 49점입니다.